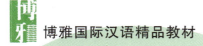

法文注释本
Version française-chinoise

第四版
4ème édition

汉语会话 301 句 上册

301 PHRASES: CONVERSATIONS EN CHINOIS

Volume 1

康玉华　来思平　编著
Auteurs: Kang Yuhua et Lai Siping

图书在版编目(CIP)数据

汉语会话301句：法文注释本（第四版）上册 / 康玉华，来思平编著 . —北京：北京大学出版社，2022.10
博雅国际汉语精品教材
ISBN 978-7-301-33417-1

Ⅰ.①汉… Ⅱ.①康… ②来… Ⅲ.①汉语－口语－对外汉语教学－教材 Ⅳ.①H195.4

中国版本图书馆CIP数据核字(2022)第179680号

书　　名	汉语会话301句（法文注释本）（第四版）·上册 HANYU HUIHUA 301 JU (FAWEN ZHUSHIBEN)(DI-SI BAN)·SHANGCE
著作责任者	康玉华　来思平　编著
责任编辑	唐娟华
标准书号	ISBN 978-7-301-33417-1
出版发行	北京大学出版社
地　　址	北京市海淀区成府路205号　100871
网　　址	http://www.pup.cn　新浪微博:@北京大学出版社
电子信箱	zpup@pup.cn
电　　话	邮购部010-62752015　发行部010-62750672　编辑部010-62767349
印刷者	北京宏伟双华印刷有限公司
经销者	新华书店
	787毫米×1092毫米　16开本　23.75印张　346千字 2022年10月第1版　2022年10月第1次印刷
定　　价	79.00元（含课本、练习册、音频）

未经许可，不得以任何方式复制或抄袭本书之部分或全部内容。
版权所有，侵权必究
举报电话: 010-62752024　电子信箱: fd@pup.pku.edu.cn
图书如有印装质量问题，请与出版部联系，电话: 010-62756370

第四版出版说明

《汉语会话301句》是当今全球非常畅销的对外汉语经典教材。本教材由北京语言大学康玉华、来思平两位教师编写，北京语言学院出版社1990年出版，1998年修订再版，2006年出版第三版，译有近十种外语注释的版本，发行逾百万册。本书为法文注释本第四版，由编者和北京大学出版社汉语及语言学编辑部精心修订。

第四版修订主要包括三方面的内容。第一，在不改动原有语言点顺序的前提下，改编内容过时的课文，更换能反映当下社会生活的内容，如增加"微信""快递"等词语；第二，教学内容的编排精益求精，生词的设置和翻译更加精细，语言点注释更加完善；第三，配套练习册随课本进行了修订，并增加了交际性练习。经过这次修订，《汉语会话301句》这套经典教材又焕发出了新的活力。

好教材是反复修订出来的。在当今汉语教材空前繁荣的局面下，经典教材的修订反而愈加凸显其标杆意义。自1990年初版以来，《汉语会话301句》通过不断的自我更新，见证了汉语教学事业从兴旺走向辉煌的历程，并且成为潮头的夺目浪花。此次修订融进了新的教学研究理念和教材编写思想。我们相信，我们为汉语教师提供的是好教的教材，也是外国学生好用的教材。

北京大学出版社
汉语及语言学编辑部
2022年6月

前言

《汉语会话 301 句》是为初学汉语的外国人编写的速成教材。

全书共 40 课，另有复习课 8 课。40 课内容包括"问候""相识"等交际功能项目近 30 个、生词 800 个左右以及汉语基本语法。每课分句子、会话、替换与扩展、生词、语法、练习等六部分。

本书注重培养初学者运用汉语进行交际的能力，采用交际功能与语法结构相结合的方法编写。全书将现代汉语中最常用、最基本的部分通过生活中常见的语境展现出来，使学习者能较快地掌握基本会话 301 句，并在此基础上通过替换与扩展练习，达到能与中国人进行简单交际的目的，为进一步学习打下良好的基础。

考虑到成年人学习的特点，对基础阶段的语法部分，本书用通俗易懂的语言，加上浅显明了的例句作简明扼要的解释，使学习者能用语法规律来指导自己的语言实践，从而起到举一反三的作用。

本书练习项目多样，练习量也较大。复习课注意进一步训练学生会话与成段表达，对所学的语法进行归纳总结。各课的练习和复习课可根据实际情况全部或部分使用。

编者

1989年3月

Avant-propos

Destiné aux débutants, *301 phrases: conversations en chinois* est un manuel de chinois qui propose des leçons intensives.

Le manuel compte quarante leçons d'apprentissage et huit leçons de révisions. Les quarante leçons d'apprentissage contiennent près de trente thèmes de communication, tels que « Salutation » et « Faire la connaissance ». Elles comptent environs huit cents nouveaux mots ainsi que la grammaire élémentaire. Chaque leçon est divisée en six parties: phrases, conversations, substitutions et extensions, nouveaux mots et exercices.

Le manuel met l'accent sur la capacité de communication des élèves. Il combine les fonctions communicatives de la langue avec sa grammaire. Les contextes proposés mobilisent la partie la plus courante et la plus basique de la langue chinoise. Les élèves sont ainsi amenés à maîtriser les 301 phrases les plus courantes et à partir de cela, à effectuer des exercices de substitutions et d'extensions. Ils apprennent également à s'échanger avec les natifs et obtiennent des bases pour des études approfondies.

Le manuel prend en compte les caractéristiques de l'apprentissage propres aux adultes. Il emploie un langage simple et propose des exemples clairs, accompagnés des explications concises. Son élaboration facilite la compréhension. Elle permet aux apprenants d'assimiler les règles de grammaire et de formuler leurs propres phrases.

Le manuel propose une quantité importante d'exercices variées. Les leçons de révisions accordent une attention particulière à la l'élaboration des conversations et à la rédaction des textes en paragraphes, accompagnées des bilans de grammaire. Les apprenants peuvent se servir des leçons et des révisions en partie ou dans leur intégralité, en fonction de leur besoin.

Éditeur
Mars 1989

简称表 Abréviations

1	名	名词	míngcí	nom
2	代	代词	dàicí	pronom
3	动	动词	dòngcí	verbe
4	能愿	能愿动词	néngyuàn dòngcí	verbe modal
5	形	形容词	xíngróngcí	adjectif
6	数	数词	shùcí	numéral
7	量	量词	liàngcí	mot de mesure
8	数量	数量词	shùliàngcí	quantificateur
9	副	副词	fùcí	adverbe
10	介	介词	jiècí	préposition
11	连	连词	liáncí	conjonction
12	助	助词	动态助词	dòngtài zhùcí	particule d'aspect
			结构助词	jiégòu zhùcí	particule structurelle
			语气助词	yǔqì zhùcí	particule modale
13	叹	叹词	tàncí	interjection
14	拟声	拟声词	nǐshēngcí	onomatopée
15	头	词头	cítóu	préfixe
16	尾	词尾	cíwěi	suffixe

Sommaire 目录

01 你好 Bonjour — 1

语音 Phonétique
1. 声母、韵母（1） Consonnes et voyelles (1)
2. 拼音（1） *Pinyin* (Alphabet phonétique) (1)
3. 声调 Tons
4. 轻声 Ton neutre
5. 变调 Changement de ton
6. 拼写说明（1） Orthographe (1)

wènhòu
问候（1）
Salutations (1)

02 你身体好吗 Comment vas-tu? — 9

语音 Phonétique
1. 声母、韵母（2） Consonnes et voyelles (2)
2. 拼音（2） *Pinyin* (Alphabet phonétique) (2)
3. 拼写说明（2） Orthographe (2)

wènhòu
问候（2）
Salutations (2)

03 你工作忙吗 Es-tu beaucoup pris par ton travail? — 17

语音 Phonétique
1. 声母、韵母（3） Consonnes et voyelles (3)
2. 拼音（3） *Pinyin* (Alphabet phonétique) (3)
3. 拼写说明（3） Orthographe (3)
4. "不""一"的变调 Changement de ton pour «不» et «一»
5. 儿化 Suffixe rétroflexe avec «er»
6. 隔音符号 Apostrophe de séparation

wènhòu
问候（3）
Salutations (3)

04 您贵姓 Quel est votre nom de famille? — 27

语法 Grammaire
1. 用"吗"的问句 Phrases interrogatives avec le mot «吗»
2. 用疑问代词的问句 Phrases interrogatives avec pronoms interrogatifs
3. 形容词谓语句 Phrase avec prédicat adjectif

xiāngshí
相识（1）
Faire connaissance (1)

05 我介绍一下儿 Permettez-moi de vous présenter		36
语法 Grammaire	1. 动词谓语句 Phrase avec un prédicat verbal	xiāngshí 相识（2） Faire connaissance (2)
	2. 表示领属关系的定语 Déterminatif exprimant la possession	
	3. "是"字句（1） Phrase avec le mot «是» (1)	

复习（一） Révisions (I)	46

06 你的生日是几月几号 Quelle est la date de ton anniversaire?		50
语法 Grammaire	1. 名词谓语句 Phrase avec prédicat nominal	xúnwèn 询问（1） Demander des renseignements (1)
	2. 年、月、日、星期的表示法 Façon d'exprimer l'année, le mois, la date et les jours de la semaine	
	3. "……，好吗?" «……，好吗?»	

07 你家有几口人 Combien êtes-vous dans la famille?		60
语法 Grammaire	1. "有"字句 Phase avec «有»	xúnwèn 询问（2） Demander des renseignements (2)
	2. 介词结构 Structures prépositionnelles	

08 现在几点 Quelle heure est-il maintenant?		69
语法 Grammaire	1. 钟点的读法 Comment lire l'heure exacte (Quelle heure est-il?)	xúnwèn 询问（3） Demander des renseignements (3)
	2. 时间词 Noms indiquant le temps	

09 你住在哪儿 Où habites-tu?		78
语法 Grammaire	1. 连动句 Phrase à verbes successifs	xúnwèn 询问（4） Demander des renseignements (4)
	2. 状语 Compléments circonstanciels	

10 邮局在哪儿 Où est la poste?		86
语法 Grammaire	1. 方位词 Noms de localisation	xúnwèn 询问（5） Demander des renseignements (5)
	2. 正反疑问句 Question affirmative-négative	

复习（二） Révisions (II)	95

11 我要买橘子		Je veux acheter des mandarines	101
语法 Grammaire	1. 语气助词"了"(1)	La particule modale «了» (1)	需要（1）xūyào Besoins (1)
	2. 动词重叠	Redoublement des verbes	

12 我想买毛衣		Je veux acheter un pull	110
语法 Grammaire	1. 主谓谓语句	Une phrase avec sujet-prédicat comme prédicat	需要（2）xūyào Besoins (2)
	2. 能愿动词	Verbes modaux	

13 要换车		Vous avez besoin de changer de bus	119
语法 Grammaire	1. 能愿动词"会"	Verbe modal «会»	需要（3）xūyào Besoins (3)
	2. 数量词作定语	Quantificateur comme déterminatif	

14 我要去换钱		Je vais aller échanger de l'argent	129
语法 Grammaire	1. 兼语句	Phrase séquentielle	需要（4）xūyào Besoins (4)
	2. 语气助词"了"(2)	Particule modale «了» (2)	

15 我要照张相		Je veux prendre une photo	137
语法 Grammaire	1."是"字句（2）	Phrase avec «是» (2)	需要（5）xūyào Besoins (5)
	2. 结果补语	Complément de conséquence	
	3. 介词"给"	Préposition «给»	

复习（三）	Révisions (III)		146

16 你看过京剧吗		As-tu déjà regardé l'Opéra de Pékin?	152
语法 Grammaire	1. 动态助词"过"	La particule d'aspect «过»	相约（1）xiāngyuē Prendre rendez-vous (1)
	2. 无主句	Phrase sans sujet	
	3."还没（有）……呢"	«还没(有)……呢»	

17 去动物园 Allez au zoo		160
语法 Grammaire	1. 选择疑问句 Question alternative	xiāngyuē 相约（2） Prendre rendez-vous (2)
	2. 表示动作方式的连动句 Phrases à verbes successifs indiquant la manière d'une action	
	3. 趋向补语（1） Complément directionnel (1)	

18 路上辛苦了 Tu as fait un long voyage		168
语法 Grammaire	1. "要……了" Expression «要……了»	yíngjiē 迎接（1） Bienvenu (1)
	2. "是……的" Expression «是……的»	

19 欢迎你 Bienvenu		177
语法 Grammaire	1. "从""在"的宾语与"这儿""那儿" Les compléments d'objet de «从» «在» et «这儿» «那儿»	yíngjiē 迎接（2） Bienvenu (2)
	2. 动量补语 Complément de fréquence	
	3. 动词、动词短语、主谓短语等作定语 Verbe, locution verbale, locution «sujet-prédicat» employés comme déterminatif	

20 为我们的友谊干杯 Buvons à notre amitié		187
语法 Grammaire	1. 状态补语 Complément d'état	zhāodài 招待 Accueil
	2. 状态补语与宾语 Complément d'état et complément d'objet	

复习（四） Révisions (IV)	197

词汇表 Vocabulaire	204

专名 Noms propres	213

wènhòu
问候（1）
Salutations (1)

01 你好
Bonjour

 句子 Phrases

001 | 你好！① Bonjour!
Nǐ hǎo!

002 | 你好吗？② Comment vas-tu?
Nǐ hǎo ma?

003 | （我）很好。 (Je vais) très bien.
(Wǒ) Hěn hǎo.

004 | 我也很好。 Moi aussi.
Wǒ yě hěn hǎo.

 会话 Conversations

1

大卫：玛丽，你好！
Dàwèi: Mǎlì, nǐ hǎo!

玛丽：你好，大卫！
Mǎlì: Nǐ hǎo, Dàwèi!

2

王兰： 你好吗？
Wáng Lán: Nǐ hǎo ma?

刘京： 我很好。 你好吗？
Liú Jīng: Wǒ hěn hǎo. Nǐ hǎo ma?

王兰： 我也很好。
Wáng Lán: Wǒ yě hěn hǎo.

注释　Remarques

❶ 你好！ Bonjour!

日常问候语。任何时间、任何场合以及任何身份的人都可以使用。对方的回答也应是"你好"。

C'est une formule de politesse courante qui peut être utilisée à tout moment, en toute occasion et par toute personne, quel que soit son statut. La réponse est également «Bonjour».

❷ 你好吗？ Comment vas-tu?

常用问候语。回答一般是"我很好"等套语。一般用于已经相识的人之间。

Il s'agit d'une expression courante de salutation utilisée entre les personnes qui se connaissent. La réponse est souvent «Je vais très bien».

替换与扩展 Substitutions et Extensions

1. 替换 Substitutions

(1) 你好！　　>><<　　你们

(2) 你好吗？　　>><<　　你们　她　他　他们

2. 扩展　Extensions

（1）A：你们好吗？
　　　　Nǐmen hǎo ma?

　　　B：我们都很好。
　　　　Wǒmen dōu hěn hǎo.

　　　A：你好吗？
　　　　Nǐ hǎo ma?

　　　B：我也很好。
　　　　Wǒ yě hěn hǎo.

（2）A：你来吗？
　　　　Nǐ lái ma?

　　　B：我来。
　　　　Wǒ lái.

　　　A：爸爸妈妈来吗？
　　　　Bàba māma lái ma?

　　　B：他们都来。
　　　　Tāmen dōu lái.

四　生词　Nouveaux mots

1.	你好	nǐ hǎo		bonjour
2.	你	nǐ	代	tu, toi
3.	好	hǎo	形	bien
4.	吗	ma	助	*particule modale*
5.	我	wǒ	代	je, moi
6.	很	hěn	副	très
7.	也	yě	副	aussi
8.	你们	nǐmen	代	vous
9.	她	tā	代	elle
10.	他	tā	代	il
11.	他们	tāmen	代	ils
12.	我们	wǒmen	代	nous

13.	都	dōu	副	tout
14.	来	lái	动	venir, arriver
15.	爸爸	bàba	名	papa, père
16.	妈妈	māma	名	maman, mère

专名 Noms propres

1.	大卫	Dàwèi	David
2.	玛丽	Mǎlì	Marie
3.	王兰	Wáng Lán	Wang Lan
4.	刘京	Liú Jīng	Liu Jing

五 语 音 Phonétique

1. 声母、韵母（1） Consonnes et voyelles (1)

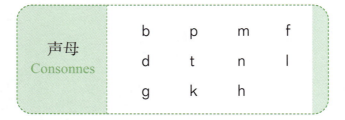

2. 拼音（1）　*Pinyin* (Alphabet phonétique) (1)

	a	o	e	ai	ei	ao	ou	an	en	ang
b	ba	bo		bai	bei	bao		ban	ben	bang
p	pa	po		pai	pei	pao	pou	pan	pen	pang
m	ma	mo	me	mai	mei	mao	mou	man	men	mang
f	fa	fo			fei		fou	fan	fen	fang
d	da		de	dai	dei	dao	dou	dan	den	dang
t	ta		te	tai	tei	tao	tou	tan		tang
n	na		ne	nai	nei	nao	nou	nan	nen	nang
l	la		le	lai	lei	lao	lou	lan		lang
g	ga		ge	gai	gei	gao	gou	gan	gen	gang
k	ka		ke	kai	kei	kao	kou	kan	ken	kang
h	ha		he	hai	hei	hao	hou	han	hen	hang

3. 声调　Tons

汉语是有声调的语言。汉语语音有四个基本声调，分别用声调符号"ˉ"（第一声）、"ˊ"（第二声）、"ˇ"（第三声）、"ˋ"（第四声）表示。

Le chinois est une langue tonale. En chinois, il existe quatre tons de base, qui sont indiqués par les signes suivants: « ˉ » (premier ton), « ˊ » (deuxième ton), « ˇ » (troisième ton), « ˋ » (quatrième ton).

声调有区别意义的作用。例如，mā（妈）、má（麻）、mǎ（马）、mà（骂），声调不同，意思也不同。

L'utilisation de tons permet de distinguer le sens des mots. Des tons différents représentent des mots différents avec des significations différentes. Par exemple: mā (mère), má (chanvre), mǎ (cheval), mà (gronder).

当一个音节只有一个元音时，声调符号标在元音上（元音 i 上有调号时要去掉 i 上的点儿，例如：nǐ）。一个音节的韵母有两个或两个以上的元音时，声调符号要标在主要元音上。例如：lái。

Lorsqu'il n'y a qu'une seule voyelle dans une syllabe, le signe du ton est placé sur la voyelle (si c'est la voyelle «i», alors le signe du ton remplace le point sur la voyelle «i», par exemple: nǐ). Lorsqu'il y a deux ou plusieurs voyelles dans une syllabe, la marque de ton est placée sur la voyelle principale. Par exemple: lái.

声调示意图 Schéma de tonalité

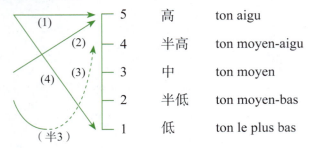

- 第一声 premier ton   ˊ 第二声 deuxième ton   ˇ 第三声 troisième ton   ˋ 第四声 quatrième ton

4. 轻声   Ton neutre

普通话里有一些音节读得又轻又短，叫作轻声。书写时轻声不标调号。例如：bàba（爸爸）、tāmen（他们）。

Le chinois Mandarin a des syllabes que l'on prononce de manière courte et faible. Ces syllabes portent le ton neutre. On les écrit sans signe de tonalité. Par exemple: bàba (père), tāmen (ils).

5. 变调   Changement de ton

（1）两个第三声音节连在一起时，前一个音节变为第二声（调号仍用"ˇ"）。例如，"你好 nǐ hǎo"的实际读音为"ní hǎo"。

Si la phrase contient deux syllabes au troisième ton, alors la première syllabe se prononce au deuxième ton, mais le signe du ton reste le même. Par exemple: « 你好 nǐ hǎo» (Bonjour) se prononce «ní hǎo».

（2）第三声音节在第一、二、四声和大部分轻声音节前边时，要变成"半三声"。半三声就是只读原来第三声的前一半降调。例如：nǐmen（你们）→ nǐmen。

Lorsqu'une syllabe au troisième ton est placée avant une syllabe au premier, deuxième, quatrième ton et le ton neutre, alors le troisième ton devient «incomplet», c'est-à-dire que seule sa partie descendante est prononcée. Par exemple: nǐmen (你们) → nǐmen.

6. 拼写说明（1）　Orthographe (1)

以 i 或 u 开头的韵母，前面没有声母时，须把 i 改写为 y，把 u 改写为 w。例如：
ie → ye, uo → wo.

Dans les voyelles commençant par «i» ou «u», lorsqu'il n'y a pas de consonnes devant elles, alors «i» s'écrit «y», «u» s'écrit «w». Par exemple: ie → ye, uo → wo.

六　练 习　Exercices

1. 完成对话　Complétez les conversations suivantes

（1）A：你好！

　　B：_____！

　　A：他好吗？

　　B：_____。

（2）A、B：你好！

　　C：_____！

（3）玛丽：你好吗？

　　王兰：_____。你好吗？

　　玛丽：_____。刘京好吗？

　　王兰：_____。我们_____。

2. 情景会话　Inventez des dialogues pour les situations suivantes

（1）你和同学见面，互相问候。
　　Tu rencontres un ami et le salues.

（2）你去朋友家，见到他 / 她的爸爸妈妈，向他们问候。
　　Tu visites un ami. Tu salues ses parents.

3. 在课堂上，同学、老师互相问候　　Enseignant et élèves se saluent en classe

4. 语音练习　　Exercices de phonétique

(1) 辨音　　Distinguez les sons

bā（八）	pā（啪）	dā（搭）	tā（他）
gòu（够）	kòu（扣）	bái（白）	pái（排）
dào（到）	tào（套）	gǎi（改）	kǎi（凯）

(2) 轻声　　Ton neutre

tóufa（头发）	nàme（那么）
hēi de（黑的）	gēge（哥哥）
lái ba（来吧）	mèimei（妹妹）

(3) 变调　　Changement de ton

bǔkǎo（补考）	hěn hǎo（很好）
dǎdǎo（打倒）	fěnbǐ（粉笔）
měihǎo（美好）	wǔdǎo（舞蹈）
nǐ lái（你来）	hěn lèi（很累）
měilì（美丽）	hǎiwèi（海味）
hěn hēi（很黑）	nǎge（哪个）

wènhòu
问候（2）
Salutations (2)

02 你身体好吗

Comment vas-tu?

一　句　子　Phrases

005　你早！① Bonjour!
　　　Nǐ zǎo!

006　你身体好吗？ Comment vas-tu?
　　　Nǐ shēntǐ hǎo ma?

007　谢谢！ Merci!
　　　Xièxie!

008　再见！ Au revoir!
　　　Zàijiàn!

二　会　话　Conversations

1

李老师：你早！
Lǐ lǎoshī: Nǐ zǎo!

王老师：你早！
Wáng lǎoshī: Nǐ zǎo!

李老师： 你身体好吗？
Lǐ lǎoshī:　Nǐ　shēntǐ　hǎo ma?

王老师： 很 好。谢 谢！
Wáng lǎoshī:　Hěn hǎo.　Xièxie!

2

张老师： 你们好吗？
Zhāng lǎoshī:　Nǐmen hǎo ma?

王兰： 我 们 都 很 好。
Wáng Lán:　Wǒmen dōu hěn hǎo.

您② 身 体 好 吗？
Nín　shēntǐ　hǎo ma?

张老师： 也 很 好。再 见！
Zhāng lǎoshī:　Yě hěn hǎo.　Zàijiàn!

刘京： 再 见！
Liú Jīng:　Zàijiàn!

注释　Remarques

❶ 你早！ Bonjour!

问候语，只在早上见面时说。
C'est une formule de politesse qui est utilisée lorsque les gens se rencontrent le matin.

❷ 您　Vous

第二人称代词"你"的尊称。通常用于老年人或长辈。为了表示礼貌，对同辈人，特别是初次见面时，也可用"您"。
C'est une forme polie du pronom de la deuxième personne «你». Habituellement, le mot «您» est utilisé pour désigner les personnes âgées ou de la génération antérieure. Il peut également être utilisé entre pairs, notamment lors de la première rencontre.

02 你身体好吗 Comment vas-tu?

三 替换与扩展 Substitutions et Extensions

1. 替换 Substitutions

（1）你早！ ▶◀ 您   你们   张老师   李老师

（2）你身体好吗？ ▶◀ 他   你们   他们   王老师   张老师

2. 扩展 Extensions

（1）五号   八号   九号
　　 wǔ hào   bā hào   jiǔ hào

　　 十四号   二十七号   三十一号
　　 shísì hào   èrshíqī hào   sānshíyī hào

（2）A：今天六号。李老师来吗？
　　　 Jīntiān liù hào. Lǐ lǎoshī lái ma?

　　 B：她来。
　　　 Tā lái.

四 生词 Nouveaux mots

1.	早	zǎo	形	tôt
2.	身体	shēntǐ	名	corps, santé
3.	谢谢	xièxie	动	merci; remercier
4.	再见	zàijiàn	动	au revoir

Salutations (2)　11

5.	老师	lǎoshī	名	professeur
6.	您	nín	代	vous
7.	一	yī	数	un
8.	二	èr	数	deux
9.	三	sān	数	trois
10.	四	sì	数	quatre
11.	五	wǔ	数	cinq
12.	六	liù	数	six
13.	七	qī	数	sept
14.	八	bā	数	huit
15.	九	jiǔ	数	neuf
16.	十	shí	数	dix
17.	号（日）	hào (rì)	量	date
18.	今天	jīntiān	名	aujourd'hui

专名　Noms propres

1.	李	Lǐ	Li (nom de famille)
2.	王	Wáng	Wang (nom de famille)
3.	张	Zhāng	Zhang (nom de famille)

五 语音 Phonétique

1. 声母、韵母（2） Consonnes et voyelles (2)

声母 Consonnes	j q x z c s zh ch sh r

韵母 Voyelles	an en ang eng ong ia iao ie iou (iu) ian in iang ing iong -i er

2. 拼音（2） *Pinyin* (Alphabet phonétique) (2)

	i	ia	iao	ie	iou (iu)	ian	in	iang	ing	iong
j	ji	jia	jiao	jie	jiu	jian	jin	jiang	jing	jiong
q	qi	qia	qiao	qie	qiu	qian	qin	qiang	qing	qiong
x	xi	xia	xiao	xie	xiu	xian	xin	xiang	xing	xiong

	a	e	-i	ai	ei	ao	ou	an	en	ang	eng	ong
z	za	ze	zi	zai	zei	zao	zou	zan	zen	zang	zeng	zong
c	ca	ce	ci	cai	cei	cao	cou	can	cen	cang	ceng	cong
s	sa	se	si	sai		sao	sou	san	sen	sang	seng	song
zh	zha	zhe	zhi	zhai	zhei	zhao	zhou	zhan	zhen	zhang	zheng	zhong
ch	cha	che	chi	chai		chao	chou	chan	chen	chang	cheng	chong
sh	sha	she	shi	shai	shei	shao	shou	shan	shen	shang	sheng	
r		re	ri			rao	rou	ran	ren	rang	reng	rong

3. 拼写说明（2） Orthographe (2)

（1）韵母 i 或 u 自成音节时，前边分别加 y 或 w。例如：i → yi，u → wu。

Lorsque les voyelles «i» et «u» forment elles-mêmes des syllabes, elles sont respectivement précédées par «y» et «w». Par exemple: i → yi, u → wu.

（2）-i 代表 z、c、s 后的舌尖前元音 [ɿ]，也代表 zh、ch、sh、r 后的舌尖后元音 [ʅ]。在读 zi、ci、si 或 zhi、chi、shi、ri 时，不要把 -i 读成 [i]。

«-i» représente la voyelle prélinguale [ɿ] derrière «z» «c» «s» ainsi que la voyelle palatale [ʅ] derrière «zh» «ch» «sh» et «r». Il ne faut pas prononcer «-i» comme [i] dans les combinaisons telles que «zi» «ci» «si» ou bien «zhi» «chi» «shi» et «ri».

（3）iou 在跟声母相拼时，中间的元音 o 省略，写成 iu。调号标在后一元音上。例如：jiǔ（九）。

«iou» après les consonnes s'écrit «iu». La voyelle au milieu «o» est omise. Le signe de ton est porté par la dernière voyelle. Par exemple: jiǔ (九).

六 练习 Exercices

1. 完成对话 Complétez les conversations suivantes

（1）A、B：老师，_____！

老师：_____！

（2）大卫：刘京，你身体_____？

刘京：_____，谢谢！

大卫：王兰也好吗？

刘京：_____。我们_____。

（3）王兰：妈妈，您身体好吗？

妈妈：_____。

02 你身体好吗　Comment vas-tu?

王兰：爸爸 _____ ？

妈妈：他也很好。

2. 熟读下列短语　Lisez plusieurs fois les locutions suivantes

也来
都来
再来

很好
也很好
都很好

谢谢你
谢谢您
谢谢你们
谢谢老师

老师再见
王兰再见
爸爸妈妈再见

3. 情景会话　Inventez des dialogues pour les situations suivantes

（1）两人互相问候并问候对方的爸爸妈妈。
　　Deux personnes se saluent et disent bonjour à leurs parents.

（2）同学们和老师见面，互相问候（同学和同学，同学和老师；一个人和几个人，几个人和另外几个人）。
　　Le professeur et les élèves se saluent (Entre camarades de classe, camarades de classe au professeur; une personne à plusieurs personnes, un groupe de personnes à un autre groupe).

4. 语音练习　Exercices de phonétique

（1）辨音　Distinguez les sons

shāngliang （商量）	——	xiǎngliàng （响亮）
zhīxī （知悉）	——	zhīxīn （知心）
zájì （杂技）	——	zázhì （杂志）
dàxǐ （大喜）	——	dàshǐ （大使）
bù jí （不急）	——	bù zhí （不直）
xīshēng （牺牲）	——	shīshēng （师生）

Salutations (2)

(2) 辨调 Distinguez les tons

bā kē	（八棵）	——	bà kè	（罢课）
bùgào	（布告）	——	bù gāo	（不高）
qiān xiàn	（牵线）	——	qiánxiàn	（前线）
xiǎojiě	（小姐）	——	xiǎo jiē	（小街）
jiàoshì	（教室）	——	jiàoshī	（教师）

(3) 读下列词语 Lisez les mots suivants

zǒu lù	（走路）		chūfā	（出发）
shōurù	（收入）		liànxí	（练习）
yǎn xì	（演戏）		sùshè	（宿舍）

wènhòu
问候（3）
Salutations (3)

03 你工作忙吗

Es-tu beaucoup pris par ton travail?

一 句子 Phrases

009 | 你 工作 忙 吗？ Es-tu beaucoup pris par ton travail?
Nǐ gōngzuò máng ma?

010 | 很 忙，你 呢？① Oui, très. Et toi?
Hěn máng, nǐ ne?

011 | 我 不 太 忙。 Pas trop.
Wǒ bú tài máng.

012 | 你 爸爸 妈妈 身体 好 吗？
Nǐ bàba māma shēntǐ hǎo ma?
Comment vont tes parents?

二 会话 Conversations

1

李老师：你好！
Lǐ lǎoshī: Nǐ hǎo!

张老师：你好！
Zhāng lǎoshī: Nǐ hǎo!

李老师：你工作忙吗？
Lǐ lǎoshī: Nǐ gōngzuò máng ma?

张老师：很忙，你呢？
Zhāng lǎoshī: Hěn máng, nǐ ne?

李老师：我不太忙。
Lǐ lǎoshī: Wǒ bú tài máng.

2

大卫：老师，您早！
Dàwèi: Lǎoshī, nín zǎo!

玛丽：老师好！
Mǎlì: Lǎoshī hǎo!

张老师：你们好！
Zhāng lǎoshī: Nǐmen hǎo!

大卫：老师忙吗？
Dàwèi: Lǎoshī máng ma?

张老师：很忙，你们呢？
Zhāng lǎoshī: Hěn máng, nǐmen ne?

大卫：我不忙。
Dàwèi: Wǒ bù máng.

玛丽：我也不忙。
Mǎlì: Wǒ yě bù máng.

03 你工作忙吗 Es-tu beaucoup pris par ton travail?

3

王兰： 刘京，你好！
Wáng Lán: Liú Jīng, nǐ hǎo!

刘京： 你好！
Liú Jīng: Nǐ hǎo!

王兰： 你爸爸妈妈身体好吗？
Wáng Lán: Nǐ bàba māma shēntǐ hǎo ma?

刘京： 他们都很好。谢谢！
Liú Jīng: Tāmen dōu hěn hǎo. Xièxie!

注释 Remarque

1. 你呢？ Et toi?

承接上面的话题提出问题。例如："我很忙，你呢"的意思是"你忙吗"，"我身体很好，你呢"的意思是"你身体好吗"。

L'expression «你呢» renvoie au sujet précédant en posant une question. Par exemple: «我很忙，你呢» signifie «J'ai beaucoup de travail à faire. Et toi», «我身体很好，你呢» signifie «Je me sens bien. Et toi».

三 替换与扩展 Substitutions et Extensions

1. 替换 Substitutions

（1）老师忙吗？   好 累

（2）A：你爸爸妈妈身体好吗？   哥哥姐姐
　　 B：他们都很好。   弟弟妹妹

Salutations (3) 19

2. 扩展 Extensions

(1) 一月　　　二月　　　　六月　　　　十二月
　　yīyuè　　èryuè　　　liùyuè　　　shí'èryuè

(2) 今天十月三十一号。
　　Jīntiān shíyuè sānshíyī hào.

　　明天十一月一号。
　　Míngtiān shíyīyuè yī hào.

　　今年二〇一五年，明年二〇一六年。
　　Jīnnián èr líng yī wǔ nián, míngnián èr líng yī liù nián.

四　生词 Nouveaux mots

1.	工作	gōngzuò	动/名	travail
2.	忙	máng	形	occupé
3.	呢	ne	助	*particule modale*
4.	不	bù	副	non
5.	太	tài	副	très
6.	累	lèi	形	fatigué
7.	哥哥	gēge	名	grand frère
8.	姐姐	jiějie	名	grande sœur
9.	弟弟	dìdi	名	frère cadet
10.	妹妹	mèimei	名	sœur cadette
11.	月	yuè	名	mois
12.	明天	míngtiān	名	demain

13.	年	nián	名	année
14.	今年	jīnnián	名	cette année
15.	〇（零）	líng	数	zéro
16.	明年	míngnián	名	l'année prochaine

五 语音 Phonétique

1. 声母、韵母（3） Consonnes et voyelles (3)

韵母 Voyelles	ua uo uai uei (ui) uan uen (un) uang ueng üe üan ün

2. 拼音（3） *Pinyin* (Alphabet phonétique) (3)

	u	ua	uo	uai	uei (ui)	uan	uen (un)	uang
d	du		duo		dui	duan	dun	
t	tu		tuo		tui	tuan	tun	
n	nu		nuo			nuan	nun	
l	lu		luo			luan	lun	
z	zu		zuo		zui	zuan	zun	
c	cu		cuo		cui	cuan	cun	
s	su		suo		sui	suan	sun	
zh	zhu	zhua	zhuo	zhuai	zhui	zhuan	zhun	zhuang
ch	chu	chua	chuo	chuai	chui	chuan	chun	chuang

	u	ua	uo	uai	uei (ui)	uan	uen (un)	uang
sh	shu	shua	shuo	shuai	shui	shuan	shun	shuang
r	ru	rua	ruo		rui	ruan	run	
g	gu	gua	guo	guai	gui	guan	gun	guang
k	ku	kua	kuo	kuai	kui	kuan	kun	kuang
h	hu	hua	huo	huai	hui	huan	hun	huang

	ü	üe	üan	ün
n	nü	nüe		
l	lü	lüe		
j	ju	jue	juan	jun
q	qu	que	quan	qun
x	xu	xue	xuan	xun

3. 拼写说明（3） Orthographe (3)

（1）ü 自成音节或在一个音节开头时写成 yu。例如：Hànyǔ（汉语）、yuànzi（院子）。

«ü» s'écrit «yu» lorsqu'il forme une syllabe par lui-même ou apparaît au début d'une syllabe. Par exemple: Hànyǔ (chinois), yuànzi (cour).

（2）j、q、x 与 ü 及以 ü 开头的韵母相拼时，ü 上的两点儿省略。例如：jùzi（句子）、xuéxí（学习）。

Quand «ü» ou une voyelle avec «ü» en tête est combinée avec «j» «q» «x», on omet le tréma sur «ü». «ü» s'écrit «u». Par exemple: jùzi (phrase), xuéxí (étudier).

（3）uei、uen 跟声母相拼时，中间的元音省略，写成 ui、un。例如：huí（回）、dūn（吨）。

Lorsque «uei» et «uen» sont placés après une consonne, on omet la voyelle au milieu. Ils s'écrivent respectivement «ui» et «un». Par exemple: huí (retour), dūn (tonne).

4. "不""一" 的变调　Changement de ton pour «不» et «一»

（1）"不"在第四声音节前或由第四声变来的轻声音节前读第二声 bú，例如：bú xiè（不谢）、búshi（不是）；在第一、二、三声音节前仍读第四声 bù，例如：bù xīn（不新）、bù lái（不来）、bù hǎo（不好）。

Devant une syllabe au quatrième ton ou au ton neutre venant du quatrième ton, «不» se prononce «bú». Par exemple: bú xiè (de rien), búshi (non). Devant une syllabe au premier, deuxième et troisième ton, elle se prononce «bù». Par exemple: bù xīn (pas nouveau), bù lái (pas venir), bù hǎo (pas bon).

（2）"一"在第四声音节前或由第四声变来的轻声音节前读第二声 yí，例如：yí kuài（一块）、yí ge（一个）；在第一、二、三声音节前读第四声 yì，例如：yì tiān（一天）、yì nián（一年）、yìqǐ（一起）。

Devant une syllabe au quatrième ton ou au ton neutre venant du quatrième ton, «一» se prononce «yí». Par exemple: yí kuài (une pièce), yí ge (une pièce). Devant une syllabe au premier, deuxième et troisième ton, elle se prononce comme «yì». Par exemple: yì tiān (un jour), yì nián (un an), yìqǐ (ensemble).

5. 儿化　Suffixe rétroflexe avec «er»

er 常常跟其他韵母结合在一起，使该韵母成为儿化韵母。儿化韵母的写法是在原韵母之后加 -r。例如：wánr（玩儿）、huār（花儿）。

«er» est souvent ajouté à la fin d'une syllabe pour former une voyelle rétroflexe. Sa transcription s'écrit «-r», rattachée à la fin de la syllabe. Par exemple: wánr (jouer), huār (fleur).

6. 隔音符号　Apostrophe de séparation

a、o、e 开头的音节连接在其他音节后面时，为了使音节界限清楚，不致混淆，要用隔音符号" ' "隔开。例如：nǚ'ér（女儿）。

Lorsque les syllabes commençant par «a» «o» «e» sont précédées par d'autres voyelles, on utilise l'apostrophe de séparation « ' » pour marquer la délimitation des syllabes, afin d'éviter toute confusion. Par exemple: nǚ'ér (女儿).

六 练习 Exercices

1. 熟读下列短语并造句 Lisez plusieurs fois les locutions suivantes et faites des phrases

不好
不太好

都不忙
也很忙
都很忙

不累
不太累
都不累

2. 用所给词语完成对话 Complétez les dialogues avec les mots donnés

（1）A：今天你来吗？

　　B：＿＿＿＿＿＿＿＿＿＿＿＿＿＿＿＿。（来）

　　A：明天呢？

　　B：＿＿＿＿＿＿＿＿＿＿＿＿＿＿＿＿。（也）

（2）A：今天你累吗？

　　B：我不太累。＿＿＿＿＿＿＿＿＿＿？（呢）

　　A：我＿＿＿＿＿＿＿＿＿＿＿＿。（也）

　　B：明天你＿＿＿＿＿＿＿＿＿＿？（来）

　　A：＿＿＿＿＿＿＿＿＿＿＿＿＿＿。（不）

（3）A：你爸爸忙吗？

　　B：＿＿＿＿＿＿＿＿＿＿＿＿＿＿。（忙）

　　A：＿＿＿＿＿＿＿＿＿＿＿＿？（呢）

　　B：她也很忙。我爸爸妈妈＿＿＿＿＿＿＿＿＿＿。（都）

03 你工作忙吗 Es-tu beaucoup pris par ton travail?

3. 根据实际情况回答下列问题并互相对话   Répondez aux questions suivantes en fonction de la situation réelle et faites un dialogue

（1）你身体好吗？

（2）你忙吗？

（3）今天你累吗？

（4）明天你来吗？

（5）你爸爸（妈妈、哥哥、姐姐……）身体好吗？

（6）他们忙吗？

4. 语音练习   Exercices de phonétique

(1) 辨音   Distinguez les sons

zhǔxí	（主席） —	chūxí	（出席）
shàng chē	（上车） —	shàngcè	（上策）
shēngchǎn	（生产） —	zēng chǎn	（增产）
huádòng	（滑动） —	huódòng	（活动）
xīn qiáo	（新桥） —	xīn qiú	（新球）
tuīxiāo	（推销） —	tuì xiū	（退休）

(2) 辨调   Distinguez les tons

càizǐ	（菜籽） —	cáizǐ	（才子）
tóngzhì	（同志） —	tǒngzhì	（统治）
héshuǐ	（河水） —	hē shuǐ	（喝水）
xìqǔ	（戏曲） —	xīqǔ	（吸取）
huíyì	（回忆） —	huìyì	（会议）

(3) er 和儿化韵　er et le syllabes rétroflexes

értóng	（儿童）	nǚ'ér	（女儿）
ěrduo	（耳朵）	èrshí	（二十）

yíhuìr	（一会儿）	yìdiǎnr	（一点儿）
yíxiàr	（一下儿）	yǒudiǎnr	（有点儿）
huār	（花儿）	wánr	（玩儿）
xiǎoháir	（小孩儿）	bīnggùnr	（冰棍儿）

xiāngshí
相识（1）
Faire connaissance (1)

04 您贵姓

Quel est votre nom de famille?

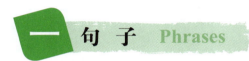 句子 Phrases

013 | 我 叫 玛丽。 Je suis Marie.
Wǒ jiào Mǎlì.

014 | 认识你，我很高兴。
Rènshi nǐ, wǒ hěn gāoxìng.
Heureux(-se) de faire ta connaissance.

015 | 您贵姓？① Quel est votre nom de famille?
Nín guìxìng?

016 | 你叫什么名字？② Comment tu t'appelles?
Nǐ jiào shénme míngzi?

017 | 她姓什么？③ Quel est son nom de famille?
Tā xìng shénme?

018 | 她不是老师，她是学生。
Tā bú shì lǎoshī, tā shì xuésheng.
Elle n'est pas professeur. Elle est étudiante.

二 会 话 Conversations

1

玛丽: 我叫玛丽, 你姓什么?
Mǎlì: Wǒ jiào Mǎlì, nǐ xìng shénme?

王兰: 我姓王, 我叫王兰。
Wáng Lán: Wǒ xìng Wáng, wǒ jiào Wáng Lán.

玛丽: 认识你, 我很高兴。
Mǎlì: Rènshi nǐ, wǒ hěn gāoxìng.

王兰: 认识你, 我也很高兴。
Wáng Lán: Rènshi nǐ, wǒ yě hěn gāoxìng.

2

大卫: 老师, 您贵姓?
Dàwèi: Lǎoshī, nín guìxìng?

张老师: 我姓张。你叫什么名字?
Zhāng lǎoshī: Wǒ xìng Zhāng. Nǐ jiào shénme míngzi?

大卫: 我叫大卫。她姓什么?
Dàwèi: Wǒ jiào Dàwèi. Tā xìng shénme?

张老师: 她姓王。
Zhāng lǎoshī: Tā xìng Wáng.

04 您贵姓　Quel est votre nom de famille?

大卫：她是老师吗？
Dàwèi: Tā shì lǎoshī ma?

张老师：她不是老师，她是学生。
Zhāng lǎoshī: Tā bú shì lǎoshī, tā shì xuésheng.

注释　Remarques

❶ 您贵姓？　Quel est votre nom de famille?

"贵姓"是尊敬、客气地询问姓氏的敬辞。只用于第二人称。回答时要说"我姓……"，不能说"我贵姓……"。

C'est une expression respectueuse et polie pour demander le nom de l'interlocuteur. On emploie cette expression seulement au pronom de la deuxième personne. Pour y répondre, vous ne pouvez pas dire «我贵姓……», mais juste «我姓……».

❷ 你叫什么名字？　Comment tu t'appelles?

也可以说"你叫什么"。用于长辈对晚辈，或者年轻人之间互相询问姓名。对长辈表示尊敬、客气时，不能用这种问法。

Vous pouvez également dire «你叫什么». L'expression est utilisée par les personnes âgés pour demander le nom et le prénom de ceux qui sont plus jeunes qu'elles. On peut l'employer entre les jeunes. Vous ne pouvez pas utiliser cette expression sur les personnes plus âgées que vous, surtout quand vous voulez manifester le respect et la politesse envers elles.

❸ 她姓什么？　Quel est son nom de famille?

询问第三者姓氏时用。不能用"她贵姓"。

L'expression est utilisée pour demander le nom d'une autre personne. Vous ne pouvez pas dire «她贵姓».

三　替换与扩展　Substitutions et Extensions

1. 替换　Substitutions

（1）我认识你。

| 他 | 玛丽 | 那个学生 |
| 他们 | 老师 | 这个人 |

Faire connaissance (1)

（2）A：她是<u>老师</u>吗？
B：她不是<u>老师</u>，她是<u>学生</u>。

| 大夫 | 留学生 |
| 妹妹 | 姐姐 |

2. 扩展 Extensions

A：我 不 认识 那个 人，她 叫 什么？
Wǒ bú rènshi nàge rén, tā jiào shénme?

B：她 叫 玛丽。
Tā jiào Mǎlì.

A：她 是 美国人 吗？
Tā shì Měiguórén ma?

B：是，她 是 美国人。她 是 我 的 朋友。
Shì, tā shì Měiguórén. Tā shì wǒ de péngyou.

四 生词 Nouveaux mots

1.	叫	jiào	动	appeler
2.	认识	rènshi	动	connaître
3.	高兴	gāoxìng	形	heureux(-se)
4.	贵姓	guìxìng	名	votre nom (avec politesse)
5.	什么	shénme	代	quoi, quel(-le)
6.	名字	míngzi	名	nom
7.	姓	xìng	动/名	*nom de famille*

04 您贵姓 Quel est votre nom de famille?

8.	是	shì	动	être
9.	学生	xuésheng	名	élève, étudiant
10.	那	nà	代	ce, cet(te)
11.	个	gè	量	utiliser avant les noms sans classificateur spécial qui leur est propre
12.	这	zhè	代	ce, cet(te)
13.	人	rén	名	personne
14.	大夫	dàifu	名	docteur
15.	留学生	liúxuéshēng	名	étudiant étranger
16.	朋友	péngyou	名	ami(e)

专名　Nom propre

| 美国 | Měiguó | États-Unis |

五　语法　Grammaire

1. 用"吗"的问句　Phrases interrogatives avec le mot «吗»

在陈述句末尾加上表示疑问语气的助词"吗"，就构成了一般疑问句。例如：

Les phrases interrogatives sont formées avec la particule modale «吗» ajoutée à la fin d'une phrase énonciative. Par exemple:

① 你好吗？　　　　　　② 你身体好吗？
③ 你工作忙吗？　　　　④ 她是老师吗？

Faire connaissance (1)

2. 用疑问代词的问句　Phrases interrogatives avec pronoms interrogatifs

用疑问代词（"谁""什么""哪儿"等）的问句，其词序跟陈述句一样。把陈述句中需要提问的部分改成疑问代词，就构成了疑问句。例如：

Les phases interrogatives avec pronoms interrogatifs ont le même ordre des mots que les phrases énonciatives. Pour former une phrase interrogative, il suffit de remplacer l'élément que l'on veut interroger dans la phrase énonciative par un pronom interrogatif approprié. Par exemple：

① 他姓什么？　　② 你叫什么名字？
③ 谁（shéi）是大卫？　　④ 玛丽在哪儿（nǎr）？

3. 形容词谓语句　Phrase avec prédicat adjectif

谓语的主要成分是形容词的句子，叫作形容词谓语句。例如：

En chinois, les phrases avec prédicat adjectif sont des phrases dont le prédicat est principalement les adjectifs. Par exemple：

① 他很忙。　　② 他不太高兴。

六　练习　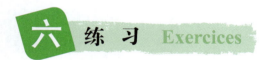Exercices

1. 完成对话　Complétez les conversations suivantes

（1）A：大夫，＿＿＿＿＿＿＿＿＿＿？
　　B：我姓张。
　　A：那个大夫＿＿＿＿＿＿＿＿＿＿？
　　B：他姓李。

（2）A：她＿＿＿＿＿＿＿＿＿＿？
　　B：是，她是我妹妹。

04 您贵姓   Quel est votre nom de famille?

　　A：她 _____？
　　B：她叫京京。

（3）A：_____？
　　B：是，我是留学生。
　　A：你忙吗？
　　B：_____。你呢？
　　A：_____。

（4）A：今天你高兴吗？
　　B：_____。你呢？
　　A：_____。

2. 情景会话　Inventez des dialogues pour les situations suivantes

（1）你和一个中国朋友初次见面，互相问候，问姓名，表现出高兴的心情。
Tu rencontres pour la première fois un ami chinois. Tu en es très content. Vous vous saluez, vous vous demandez vos noms et vos prénoms.

（2）你不认识弟弟的朋友，你向弟弟问他的姓名、身体和工作情况。
Tu ne connais pas l'ami de ton frère, et tu lui demandes son nom, comment il va et son travail.

3. 看图说句子　Regardez les images et dites une phrase pour chaque image

（1）认识

（2）高兴

（3）大夫

Faire connaissance (1)　33

4. 听后复述　Écoutez et répétez

我认识王英，她是学生。认识她我很高兴。她爸爸是大夫，妈妈是老师。他们身体都很好，工作也很忙。她妹妹也是学生，她不太忙。

5. 语音练习　Exercices de phonétique

(1) 辨音　Distinguez les sons

piāoyáng	（飘扬） ——	biǎoyáng	（表扬）
dǒng le	（懂了） ——	tōng le	（通了）
xiāoxi	（消息） ——	jiāojí	（焦急）
gǔ zhǎng	（鼓掌） ——	gǔzhuāng	（古装）
shǎo chī	（少吃） ——	xiǎochī	（小吃）

(2) 辨调　Distinguez les tons

běifāng	（北方） ——	běi fáng	（北房）
fènliang	（分量） ——	fēn liáng	（分粮）
mǎi huār	（买花儿） ——	mài huār	（卖花儿）
dǎ rén	（打人） ——	dàrén	（大人）
lǎo dòng	（老动） ——	láodòng	（劳动）
róngyì	（容易） ——	róngyī	（绒衣）

（3）读下列词语：第一声 + 第一声　Lisez les mots suivants: premier ton + premier ton

fēijī	（飞机）	cānjiā	（参加）
fāshēng	（发生）	jiāotōng	（交通）
qiūtiān	（秋天）	chūntiān	（春天）
xīngqī	（星期）	yīnggāi	（应该）
chōu yān	（抽烟）	guānxīn	（关心）

xiāngshí 相识（2） Faire connaissance (2)

05 我介绍一下儿
Permettez-moi de vous présenter

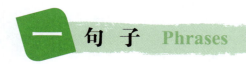
句子 Phrases

019 | 他是谁？ Qui est-il?
Tā shì shéi?

020 | 我介绍一下儿①。 Permettez-moi de vous présenter.
Wǒ jièshào yíxiàr.

021 | 你去哪儿？ Où vas-tu?
Nǐ qù nǎr?

022 | 张老师在家吗？
Zhāng lǎoshī zài jiā ma?
Est-ce que professeur Zhang est à la maison?

023 | 我是张老师的学生。
Wǒ shì Zhāng lǎoshī de xuésheng.
Je suis un(e) étudiant(e) du professeur Zhang.

024 | 请进！ Entrez s'il vous plaît!
Qǐng jìn!

05 我介绍一下儿 | Permettez-moi de vous présenter

二 会 话 Conversations

1

玛丽: 王 兰，他是谁？
Mǎlì: Wáng Lán, tā shì shéi?

王兰: 玛丽，我介绍一下儿，这是我哥哥。
Wáng Lán: Mǎlì, wǒ jièshào yíxiàr, zhè shì wǒ gēge.

王林: 我叫王林。认识你很高兴。
Wáng Lín: Wǒ jiào Wáng Lín. Rènshi nǐ hěn gāoxìng.

玛丽: 认识你，我也很高兴。
Mǎlì: Rènshi nǐ, wǒ yě hěn gāoxìng.

王兰: 你去哪儿？
Wáng Lán: Nǐ qù nǎr?

玛丽: 我去北京大学。你们去哪儿？
Mǎlì: Wǒ qù Běijīng Dàxué. Nǐmen qù nǎr?

王林: 我们去商店。
Wáng Lín: Wǒmen qù shāngdiàn.

玛丽: 再见！
Mǎlì: Zàijiàn!

王兰、王林: 再见！
Wáng Lán、Wáng Lín: Zàijiàn!

Faire connaissance (2)   37

2

和子：张 老 师 在 家 吗？
Hézǐ: Zhāng lǎoshī zài jiā ma?

小英：在。您 是——②
Xiǎoyīng: Zài. Nín shì——

和子：我 是 张 老 师 的 学 生，
Hézǐ: Wǒ shì Zhāng lǎoshī de xuésheng,

我 姓 山 下，叫 和 子。
wǒ xìng Shānxià, jiào Hézǐ.

你 是——
Nǐ shì——

小英：我 叫 小 英。张 老 师 是 我 爸 爸。请 进！
Xiǎoyīng: Wǒ jiào Xiǎoyīng. Zhāng lǎoshī shì wǒ bàba. Qǐng jìn!

和子：谢 谢！
Hézǐ: Xièxie!

注释 Remarques

❶ 我介绍一下儿。Permettez-moi de vous présenter.

给别人作介绍时的常用语。"一下儿"表示动作经历的时间短或轻松随便。这里是表示后一种意思。

Il s'agit d'une expression courante lorsque vous souhaitez vous présenter l'un à l'autre. «一下儿» désigne un geste bref ou une action qui se réalise de manière décontractée. Ici on prend plutôt le deuxième sens.

05 我介绍一下儿　Permettez-moi de vous présenter

❷ 您是—— «Vous êtes…»

意思是"您是谁"。被问者应接下去答出自己的姓名或身份。这种句子是在对方跟自己说话，而自己又不认识对方时发出的询问。注意："你是谁"这种问法不太客气，所以对不认识的人，当面一般不问"你是谁"，而是问"您是——"。

Cela signifie «Qui êtes-vous?». La personne à qui on pose cette question doit répondre par son nom ou sa position sociale. On utilise cette expression dans le contexte où on ne connaît pas la personne qui nous parle en premier. Faites attention: «你是谁» (Qui est-tu?) n'est pas une expression très polie. Par conséquent, au lieu de «你是谁», il est généralement recommandé d'utiliser «您是——».

三 替换与扩展　Substitutions et Extensions

1. 替换　Substitutions

（1）<u>我介绍</u>一下儿。　▶◀　你来　我看　你听　我休息

（2）A：你去哪儿？
　　 B：我去<u>北京大学</u>。　▶◀　商店　宿舍　教室
　　　　　　　　　　　　　　　酒吧　　　超市

（3）<u>张老师</u>在家吗？　▶◀　你爸爸　你妈妈　你妹妹

2. 扩展　Extensions

（1）A：你 去 商 店 吗？
　　　　 Nǐ qù shāngdiàn ma?

　　 B：我 不 去 商 店，我 回 家。
　　　　 Wǒ bú qù shāngdiàn, wǒ huí jiā.

（2）A：大卫在宿舍吗？
　　　　Dàwèi zài sùshè ma?

　　　B：不在，他在３０２教室。
　　　　Bú zài, tā zài sān líng èr jiàoshì.

四　生词　Nouveaux mots

1.	谁	shéi/shuí	代	qui
2.	介绍	jièshào	动	présenter
3.	一下儿	yíxiàr	数量	un peu
4.	去	qù	动	aller
5.	哪儿	nǎr	代	où
6.	在	zài	动/介	être à (dans); dans, à
7.	家	jiā	名	maison
8.	的	de	助	*utilisé après un déterminatif*
9.	请	qǐng	动	inviter; s'il te plaît, s'il vous plaît
10.	进	jìn	动	entrer
11.	大学	dàxué	名	université
12.	商店	shāngdiàn	名	magasin
13.	看	kàn	动	regarder
14.	听	tīng	动	écouter
15.	休息	xiūxi	动	reposer
16.	宿舍	sùshè	名	dortoir
17.	教室	jiàoshì	名	salle de classe

18.	酒吧	jiǔbā	名	bar
19.	超市	chāoshì	名	supermarché
20.	回	huí	动	revenir

专名 Noms propres

1.	王林	Wáng Lín	Wang Lin
2.	北京大学	Běijīng Dàxué	Université de Pékin
3.	山下和子	Shānxià Hézǐ	Kazuko Yamashita (nom d'une personne)
4.	小英	Xiǎoyīng	Xiaoying (nom d'une personne)

五 语 法 Grammaire

1. 动词谓语句   Phrase avec un prédicat verbal

谓语的主要成分是动词的句子，叫作动词谓语句。动词如带有宾语，宾语在动词的后边。例如：

La phrase avec prédicat verbal est une phrase dont le prédicat est principalement des verbes. S'il s'agit d'un verbe transitif avec un complément d'objet, le complément d'objet est généralement placé après le verbe. Par exemple：

① 他来。　　　　　　　② 张老师在家。
③ 我去北京大学。

2. 表示领属关系的定语   Déterminatif exprimant la possession

（1）代词、名词作定语表示领属关系时，后面要加结构助词"的"。例如：他的书、张老师的学生、王兰的哥哥。

Lorsqu'un pronom personnel ou un nom est utilisé comme déterminatif exprimant la possession, la particule de structure «的» doit être placée après lui. Par exemple: 他的书，张老师的学生，王兰的哥哥.

（2）人称代词作定语，而中心语是亲属称谓，或表示集体、单位等的名词时，定语后可以不用"的"。例如：我哥哥、他姐姐、我们学校。

Lorsqu'un pronom personnel est utilisé comme déterminatif exprimant la dépendance, et que le mot défini est un nom désignant la parenté, le collectif, l'organisation, etc., alors la particule structurelle «的» peut-être omise. Par exemple: 我哥哥, 他姐姐, 我们学校。

3. "是"字句（1）　Phrase avec le mot «是» (1)

动词"是"和其他词或短语一起构成谓语的句子，叫作"是"字句。"是"字句的否定形式，是在"是"前加否定副词"不"。例如：

La phrase avec «是» est une phrase dont le prédicat est composé de «是» , suivi d'autres mots ou expressions. La forme négative d'une telle phrase est formée en ajoutant un adverbe négatif «不» devant le mot «是». Par exemple:

① 他是大夫。　　② 大卫是她哥哥。
③ 我不是学生，是老师。

六　练习　Exercices

1. 熟读下列短语并造句　Lisez plusieurs fois les locutions suivantes et en faites des phrases

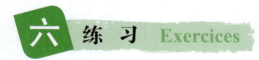

2. 用所给词语完成对话　Complétez les dialogues avec les mots donnés

（1）A：王兰在哪儿？

　　B：_____。（教室）

　　A：_____？（去教室）

　　B：不。我 _____。（回宿舍）

（2）A：你认识王林的妹妹吗？

　　B：_____。你呢？

　　A：我认识。

　　B：_____？（名字）

　　A：她叫王兰。

（3）A：_____？（商店）

　　B：去。

　　A：这个商店好吗？

　　B：_____。（好）

3. 看图说句子　Regardez les images et formez des phrases pour chaque image

（1）去　　超市

（2）在　　教室

（3）回　　宿舍　　　　　　　（4）是　　老师

4. 根据句中的画线部分，把句子改成用疑问代词提出问题的问句　Remplacez les parties soulignées par des pronoms interrogatifs et transformez les phrases suivantes en interrogations

（1）他是<u>我</u>的老师。➡ _____

（2）她姓<u>王</u>。➡ _____

（3）她叫<u>京京</u>。➡ _____

（4）<u>她</u>认识王林。➡ _____

（5）王老师去<u>教室</u>。➡ _____

（6）玛丽在<u>宿舍</u>。➡ _____

5. 听后复述　　Écoutez et répétez

　　我介绍一下儿，我叫玛丽，我是美国留学生。那是大卫，他是我的朋友，他也是留学生，他是法国（Fǎguó, France）人。刘京、王兰是我们的朋友，认识他们我们很高兴。

6. 语音练习　Exercices de phonétique

(1) 辨音　Distinguez les sons

zhīdao	（知道）	——	chídào	（迟到）
běnzi	（本子）	——	pénzi	（盆子）
zìjǐ	（自己）	——	cíqì	（瓷器）
niǎolóng	（鸟笼）	——	lǎonóng	（老农）
qílì	（奇丽）	——	qí lǘ	（骑驴）
jiāotì	（交替）	——	jiāo dì	（浇地）

(2) 辨调　Distinguez les tons

núlì	（奴隶）	——	nǔlì	（努力）
chīlì	（吃力）	——	chī lí	（吃梨）
jiù rén	（救人）	——	jiǔ rén	（九人）
měijīn	（美金）	——	méi jìn	（没劲）
zhuāng chē	（装车）	——	zhuàng chē	（撞车）
wán le	（完了）	——	wǎn le	（晚了）

(3) 读下列词语：第一声 + 第二声　Lisez les mots suivants: premier ton + deuxième ton

bā lóu	（八楼）	gōngrén	（工人）
jīnnián	（今年）	tī qiú	（踢球）
huānyíng	（欢迎）	shēngcí	（生词）
dāngrán	（当然）	fēicháng	（非常）
gōngyuán	（公园）	jiātíng	（家庭）

复习（一）
Révisions (I)

一 会 话 Conversations

1

林：你好！

A：林大夫，您好！

林：你爸爸妈妈身体好吗？

A：他们身体都很好。谢谢！

林：这是——

A：这是我朋友，叫马小民（Mǎ Xiǎomín, Ma Xiaoming, nom de son ami）。〔对马小民说〕林大夫是我爸爸的朋友。

马：林大夫，您好！认识您很高兴。

林：认识你，我也很高兴。你们去哪儿？

马：我回家。

A：我去他家。您呢？

林：我去商店。再见！

A、马：再见！

2

高（Gāo，Gao, nom de famille）：马小民在家吗？

B：在。您贵姓？

高：我姓高，我是马小民的老师。

B：高老师，请进。

高：你是——

B：我是马小民的姐姐，我叫马小清（Mǎ Xiǎoqīng，Ma Xiaoqing, nom de la fille）。

二 语法 Grammaire

"也"和"都"的位置　La place de «也» et «都»

（1）副词"也"和"都"必须放在主语之后、谓语动词或形容词之前。"也""都"同时修饰谓语时，"也"必须在"都"前边。例如：

Les adverbes «也» et «都» doivent être placés après le sujet et devant le verbe ou l'adjectif, «也» vient avant «都», quand on les utilise en même temps. Par exemple :

① 我也很好。

② 他们都很好。

③ 我们都是学生，他们也都是学生。

（2）"都"一般总括它前边出现的人或事物，因此只能说"我们都认识他"，不能说"我都认识他们"。

Souvent l'adverbe «都» inclut toute personne ou toute chose mentionnées plus haut. Vous pouvez donc dire «我们都认识他» mais pas «我都认识他们».

三 练 习 Exercices

1. 辨音辨调 Distinguez les sons et les tons

（1）送气音与不送气音 Consonnes aspirées et consonnes non aspirées

b	bǎo le	饱了	rassasié(e)
p	pǎo le	跑了	fuir
d	dà de	大的	grand
t	tā de	他的	son
g	gāi zǒu le	该走了	il est temps de partir
k	kāizǒu le	开走了	s'en aller en voiture
j	dì-jiǔ	第九	neuvième
q	dìqiú	地球	terre

（2）区别几个易混的声母和韵母 Distinguez quelques consonnes et voyelles faciles à confondre

j–x	jiějie	（姐姐）	—	xièxie	（谢谢）
s–sh	sìshísì	（四十四）	—	shì yi shì	（试一试）
üe–ie	dàxué	（大学）	—	dàxiě	（大写）
uan–uang	yì zhī chuán	（一只船）	—	yì zhāng chuáng	（一张床）

（3）区别不同声调的不同意义 Distinguez les sens des syllabes avec les tons différents

yǒu	（有 avoir）	—	yòu	（又 encore）
jǐ	（几 combien）	—	jì	（寄 envoyer）
piāo	（漂 flotter）	—	piào	（票 ticket/billet）
shí	（十 dix）	—	shì	（是 oui）

sī （丝 soie） —— sì （四 quatre）

xǐ （洗 laver） —— xī （西 ouest）

2. 三声音节连读 Lisez les phrases suivantes

（1）Wǒ hǎo.
Wǒ hěn hǎo.
Wǒ yě hěn hǎo.

（2）Nǐ yǒu.
Nǐ yǒu biǎo (montre).
Nǐ yě yǒu biǎo.

四 阅读短文 Lisez le texte

他叫大卫。他是法国人。他在北京语言大学（Běijīng Yǔyán Dàxué, Université des Langues et des Cultures de Pékin）学习。

玛丽是美国人。她认识大卫。他们是同学（tóngxué, camarade de classe）。

刘京和（hé, et）王兰都是中国人［Zhōngguórén, Chinois(-e)］。他们都认识玛丽和大卫。他们常去留学生宿舍看玛丽和大卫。

玛丽和大卫的老师姓张。张老师很忙。他身体不太好。张老师的爱人（àiren, conjoint）是大夫。她身体很好，工作很忙。

xúnwèn
询问（1）
Demander des
renseignements (1)

06 你的生日是几月几号

Quelle est la date de ton anniversaire?

一 句子 Phrases

025 今天几号？ Quelle est la date aujourd'hui?
Jīntiān jǐ hào?

026 今天八号。 Aujourd'hui c'est le huit.
Jīntiān bā hào.

027 今天不是星期四，昨天星期四。
Jīntiān bú shì xīngqīsì, zuótiān xīngqīsì.
Nous ne sommes pas jeudi aujourd'hui. C'était jeudi hier.

028 晚上你做什么？
Wǎnshang nǐ zuò shénme?
Que vas-tu faire ce soir?

029 你的生日是几月几号？
Nǐ de shēngrì shì jǐ yuè jǐ hào?
Quelle est la date de ton anniversaire?

030 我们上午去她家，好吗？
Wǒmen shàngwǔ qù tā jiā, hǎo ma?
Allons chez elle demain matin, d'accord?

06 你的生日是几月几号 Quelle est la date de ton anniversaire?

二 会 话 Conversations

1

玛丽：今天几号？
Mǎlì: Jīntiān jǐ hào?

大卫：今天八号。
Dàwèi: Jīntiān bā hào.

玛丽：今天星期四吗？
Mǎlì: Jīntiān xīngqīsì ma?

大卫：今天不是星期四，昨天星期四。
Dàwèi: Jīntiān bú shì xīngqīsì, zuótiān xīngqīsì.

玛丽：明天星期六，晚上你做什么？
Mǎlì: Míngtiān xīngqīliù, wǎnshang nǐ zuò shénme?

大卫：我看电影，你呢？
Dàwèi: Wǒ kàn diànyǐng, nǐ ne?

玛丽：我去酒吧。
Mǎlì: Wǒ qù jiǔbā.

2

玛丽：王兰，你的生日是几月几号？
Mǎlì: Wáng Lán, nǐ de shēngrì shì jǐ yuè jǐ hào?

王兰：三月十七号。你呢？
Wáng Lán: Sānyuè shíqī hào. Nǐ ne?

玛丽：五月九号。
Mǎlì: Wǔyuè jiǔ hào.

Demander des renseignements (1)

王兰： 四号是张丽英的生日。
Wáng Lán: Sì hào shì Zhāng Lìyīng de shēngrì.

玛丽： 四号星期几？
Mǎlì: Sì hào xīngqī jǐ?

王兰： 星期天。
Wáng Lán: Xīngqītiān.

玛丽： 你去她家吗？
Mǎlì: Nǐ qù tā jiā ma?

王兰： 去，你呢？
Wáng Lán: Qù, nǐ ne?

玛丽： 我也去。
Mǎlì: Wǒ yě qù.

王兰： 我们上午去，好吗？
Wáng Lán: Wǒmen shàngwǔ qù, hǎo ma?

玛丽： 好。
Mǎlì: Hǎo.

三 替换与扩展 Substitutions et Extensions

1. 替换 Substitutions

(1) 今天几号？

| 昨天 | 这个星期六 |
| 明天 | 这个星期日 |

(2) A：晚上你做什么？
　　B：我看电影。

| 看书 | 听音乐 |
| 看电视 | 看微信 |

（3）我们 <u>上午去她家</u>，好吗？ 晚上去酒吧　下午去书店
星期天听音乐　明天去买东西

2. 扩展　Extensions

（1）A：明天是几月几号，星期几？
　　　 Míngtiān shì jǐ yuè jǐ hào, xīngqī jǐ?

　　 B：明天是十一月二十八号，星期日。
　　　 Míngtiān shì shíyīyuè èrshíbā hào, xīngqīrì.

（2）这个星期五是我朋友的生日。他今年
　　 Zhège xīngqīwǔ shì wǒ péngyou de shēngrì. Tā jīnnián
　　 二十岁。下午我去他家看他。
　　 èrshí suì. Xiàwǔ wǒ qù tā jiā kàn tā.

四　生词　Nouveaux mots

1.	几	jǐ	代	combien
2.	星期	xīngqī	名	semaine
3.	昨天	zuótiān	名	hier
4.	晚上	wǎnshang	名	soir
5.	做	zuò	动	faire
6.	生日	shēngrì	名	anniversaire
7.	上午	shàngwǔ	名	matin, première moitié de la journée
8.	电影	diànyǐng	名	film

9.	星期天 （星期日）	xīngqītiān (xīngqīrì)	名	dimanche
10.	书	shū	名	livre
11.	音乐	yīnyuè	名	musique
12.	电视	diànshì	名	télévision
13.	微信	wēixìn	名	WeChat
14.	下午	xiàwǔ	名	après-midi, deuxième moitié de la journée
15.	书店	shūdiàn	名	librairie
16.	买	mǎi	动	acheter
17.	东西	dōngxi	名	chose; produit
18.	岁	suì	量	âge

专名　Nom propre

张丽英	Zhāng Lìyīng	Zhang Liying

五　语法　Grammaire

1. 名词谓语句　Phrase avec prédicat nominal

（1）由名词、名词短语或数量词等直接作谓语的句子，叫作名词谓语句。肯定句不用"是"（如用"是"则是动词谓语句）。这种句子主要用来表达时间、年龄、籍贯及数量等。例如：

La phrase avec prédicat nominal est une phase dont le prédicat consiste à un nom, une locution nominale ou un quantificateur. Sa forme affirmative ne contient pas «是» (sinon ce sera une phrase avec prédicat verbal). Cette phrase exprime généralement le temps, l'âge, le lieu de naissance, la quantité, etc. Par exemple :

> ① 今天星期天。　　② 我今年二十岁。
> ③ 他北京人。

（2）如果要表示否定，在名词谓语前加"不是"，变成动词谓语句。例如：

Lors de la formation d'une négation, vous devez ajouter «不是» avant le prédicat nominal. Dans ce cas, la phrase devient une phrase avec prédicat verbal. Par exemple :

> ④ 今天不是星期天。　　⑤ 他不是北京人。

2. 年、月、日、星期的表示法　Façon d'exprimer l'année, le mois, la date et les jours de la semaine

（1）年的读法是直接读出每个数字。例如：

Lorsque vous dites une année, vous pouvez simplement lire chaque chiffre dans l'ordre. Par exemple :

> 一九九八年　　　　二〇〇六年
> yī jiǔ jiǔ bā nián　　èr líng líng liù nián
> 二〇二四年
> èr líng èr sì nián

（2）十二个月的名称是数词"一"至"十二"后边加"月"。例如：

La façon de lire les mois est «chiffre (1-12) + 月». Par exemple :

> 一月　　五月　　九月　　十二月
> yīyuè　wǔyuè　jiǔyuè　shí'èryuè

（3）日的表示法同月。数词1至31后加"日"或"号"（"日"多用于书面语，"号"多用于口语）。

La façon de lire la date est la même que celle des mois. Ajoutez «日» ou «号» après les chiffres de 1 à 31 («日» est principalement utilisé dans la langue écrite et «号» est principalement utilisé dans la langue parlée).

（4）星期的表示法是"星期"后加数词"一"至"六"。第七天为"星期日"，或叫"星期天"。

Les jours de la semaine sont lus comme «星期 + chiffre (1-6)». Le dimanche est appelé «星期日» ou «星期天».

（5）年、月、日、星期的顺序如下：

L'ordre de l'année, du mois, des jours de la semaine est ainsi:

> 2021 年 6 月 12 日（星期六）

3. "……，好吗？" «……，好吗？»

（1）这是用来提出建议后，征询对方意见的一种问法。问句的前一部分是陈述句。例如：

Pour avoir l'avis de l'interlocuteur après lui avoir fait une proposition, vous pouvez ajouter la particule interrogative «好吗» (« …, d'accord? ») à la fin de la phrase. Par exemple:

> ① 你来我宿舍，好吗？　　② 明天去商店，好吗？

（2）如果同意，就用"好""好啊（wa）"等应答。

Si vous êtes d'accord, vous pouvez répondre «好» «好啊 (wa)».

六　练习　Exercices

1. **熟读下列短语并选择四个造句**　Lisez plusieurs fois les locutions suivantes et en choisissez quatre pour formuler des phrases.

| 做什么 | 看书 | 他的生日 |
| 买什么 | 看电影 | 我的宿舍 |

06 你的生日是几月几号　Quelle est la date de ton anniversaire?

星期天下午
明天上午
今天下午

看电视
听音乐
去书店

2. 完成对话 Complétez les conversations suivantes

（1）A：明天星期几？

　　B：_____。

　　A：_____？

　　B：我看电视。

（2）A：这个星期六是几月几号？

　　B：_____。

　　A：你去商店吗？

　　B：_____，我工作很忙。

（3）A：这个星期天晚上你做什么？

　　B：_____。你呢？

　　A：_____。

3. 谈一谈 Discutez

（1）同学们互相介绍自己的生日。
　　Les élèves discutent de leur anniversaire.

（2）介绍一下儿你做下面几件事情的时间。
　　Parle-nous du moment où tu as fait les choses suivantes.

看书　　看电视　　听音乐　　买东西　　看电影

4. 听后复述　Écoutez et répétez

今天星期天，我不学习（xuéxí, étudier）。上午我去商店，下午我去看电影，晚上我去酒吧。

5. 语音练习　Exercices de phonétique

(1) 辨音　Distinguez les sons

zhuànglì	（壮丽） —	chuànglì	（创立）
zǎoyuán	（枣园） —	cǎoyuán	（草原）
rénmín	（人民） —	shēngmíng	（声明）
pǎo bù	（跑步） —	bǎohù	（保护）
niúnǎi	（牛奶） —	yóulǎn	（游览）
qǐzǎo	（起早） —	xǐ zǎo	（洗澡）

(2) 辨调　Distinguez les tons

túdì	（徒弟） —	tǔdì	（土地）
xuèyè	（血液） —	xuéyè	（学业）
cāi yi cāi	（猜一猜） —	cǎi yi cǎi	（踩一踩）
zǔzhī	（组织） —	zǔzhǐ	（阻止）
jiǎnzhí	（简直） —	jiān zhí	（兼职）
jiǎng qíng	（讲情） —	jiǎngqīng	（讲清）

06 你的生日是几月几号 Quelle est la date de ton anniversaire?

(3) 读下列词语：第一声＋第三声 Lisez les mots suivants: premier ton + troisième ton

qiānbǐ	（铅笔）	jīchǎng	（机场）
xīnkǔ	（辛苦）	jīnglǐ	（经理）
shēntǐ	（身体）	cāochǎng	（操场）
hēibǎn	（黑板）	kāishǐ	（开始）
fāngfǎ	（方法）	gēwǔ	（歌舞）

xúnwèn
询问（2）
Demander des renseignements (2)

07 你家有几口人

Combien êtes-vous dans la famille?

一 句子 Phrases

031 你家有几口人？①
Nǐ jiā yǒu jǐ kǒu rén?
Combien êtes-vous dans la famille?

032 你妈妈做什么工作？
Nǐ māma zuò shénme gōngzuò?
Quel est le travail de ta mère?

033 她在大学工作。 Elle travaille à l'université.
Tā zài dàxué gōngzuò.

034 我家有爸爸妈妈和两个弟弟②。
Wǒ jiā yǒu bàba māma hé liǎng ge dìdi.
Chez moi il y a mon père, ma mère et deux petits frères.

035 哥哥结婚了。 Mon grand frère est déjà marié.
Gēge jié hūn le.

036 他们没有孩子。 Ils n'ont pas d'enfant.
Tāmen méiyǒu háizi.

07 你家有几口人 Combien êtes-vous dans la famille?

二 会 话 Conversations

1

大卫： 刘京，你家有几口人？
Dàwèi: Liú Jīng, nǐ jiā yǒu jǐ kǒu rén?

刘京： 四口人。你家呢？
Liú Jīng: Sì kǒu rén. Nǐ jiā ne?

大卫： 三口人，爸爸妈妈和我。
Dàwèi: Sān kǒu rén, bàba māma hé wǒ.

刘京： 你爸爸妈妈做什么工作？
Liú Jīng: Nǐ bàba māma zuò shénme gōngzuò?

大卫： 我爸爸在公司工作。我妈妈在大学工作。
Dàwèi: Wǒ bàba zài gōngsī gōngzuò. Wǒ māma zài dàxué gōngzuò.

2

大卫： 和子，你家有什么人？
Dàwèi: Hézǐ, nǐ jiā yǒu shénme rén?

和子： 爸爸妈妈和两个弟弟。
Hézǐ: Bàba māma hé liǎng ge dìdi.

大卫： 你弟弟是学生吗？
Dàwèi: Nǐ dìdi shì xuésheng ma?

和子： 是，他们学习英语。
Hézǐ: Shì, tāmen xuéxí Yīngyǔ.

大卫： 你妈妈工作吗？
Dàwèi: Nǐ māma gōngzuò ma?

和子： 她不工作。
Hézǐ: Tā bù gōngzuò.

3

王兰: 你家有谁?③
Wáng Lán: Nǐ jiā yǒu shéi?

玛丽: 爸爸妈妈和姐姐。
Mǎlì: Bàba māma hé jiějie.

王兰: 你姐姐工作吗?
Wáng Lán: Nǐ jiějie gōngzuò ma?

玛丽: 工作。她是职员,在银行工作。你哥哥做什么工作?
Mǎlì: Gōngzuò. Tā shì zhíyuán, zài yínháng gōngzuò. Nǐ gēge zuò shénme gōngzuò?

王兰: 他是大夫。
Wáng Lán: Tā shì dàifu.

玛丽: 他结婚了吗?
Mǎlì: Tā jié hūn le ma?

王兰: 结婚了。他爱人是护士。
Wáng Lán: Jié hūn le. Tā àiren shì hùshi.

玛丽: 他们有孩子吗?
Mǎlì: Tāmen yǒu háizi ma?

王兰: 没有。
Wáng Lán: Méiyǒu.

07 你家有几口人 Combien êtes-vous dans la famille?

> **注释 Remarques**
>
> ❶ 你家有几口人？ Combien êtes-vous dans la famille?
>
> "几口人"只用于询问家庭的人口。其他场合询问人数时，量词要用"个""位"等。
>
> «几口人» est utilisé uniquement pour demander le nombre des membres de la famille. Dans d'autres situations, on utilise «个» «位» etc.
>
> ❷ 两个弟弟 Deux petits frères
>
> "两"和"二"都表示"2"。在量词前一般多用"两"，不用"二"。例如：两个朋友、两个哥哥。但10以上数字中的"2"，如12、32等数字中的"2"，不管后面有无量词，都用"二"，不用"两"。例如：十二点、二十二个学生。
>
> «两» et «二» signifient «2». Habituellement, «两» est utilisé avant un mot de mesure comme «两个朋友» «两个哥哥» etc. Mais dans les nombres supérieurs à dix, comme 12 ou 32, «二» est toujours utilisé. Par exemple: 十二点, 二十二个学生.
>
> ❸ 你家有谁？ Quels sont les membres dans ta famille?
>
> 此句与"你家有什么人"意思相同。"谁"既可以是单数（一个人），也可以是复数（几个人）。
>
> Cette phrase a le même sens que «你家有什么人». «谁», comme «qui» en français, peut signifier une ou plusieurs personnes.

三 替换与扩展 Substitutions et Extensions

1. 替换 Substitutions

（1）他学习<u>英语</u>。   汉语　日语　韩语

(2) 她在<u>银行</u> <u>工作</u>。 »«

教室	上课
宿舍	上网
家	看电视

(3) <u>他们</u>有<u>孩子</u>吗? »«

你	姐姐	他	妹妹
你	英语书	他	汉语书
你	电脑	他	手机

2. 扩展 Extensions

(1) 我 在 北 京 语 言 大 学 学 习。
　　Wǒ zài Běijīng Yǔyán Dàxué xuéxí.

(2) 今 天 有 汉 语 课, 明 天 没 有 课。
　　Jīntiān yǒu Hànyǔkè, míngtiān méiyǒu kè.

(3) 下 课 了, 我 回 宿 舍 休 息。
　　Xià kè le, wǒ huí sùshè xiūxi.

(4) 他 有 手 机, 没 有 电 脑。
　　Tā yǒu shǒujī, méiyǒu diànnǎo.

四 生 词 Nouveaux mots

1.	有	yǒu	动	avoir
2.	口	kǒu	量	un mot de mesure pour les membres d'une famille
3.	和	hé	连	et
4.	两	liǎng	数	deux

07 你家有几口人 | Combien êtes-vous dans la famille?

5.	结婚	jié hūn		épouser, marier
6.	了	le	助	*particule modale*
7.	没有	méiyǒu	动	non
8.	孩子	háizi	名	enfant
9.	公司	gōngsī	名	entreprise
10.	学习	xuéxí	动	étudier
11.	英语	Yīngyǔ	名	anglais
12.	职员	zhíyuán	名	employé
13.	银行	yínháng	名	banque
14.	爱人	àiren	名	conjoint(-e)
15.	护士	hùshi	名	infirmier
16.	汉语	Hànyǔ	名	chinois
17.	日语	Rìyǔ	名	japonais
18.	韩语	Hányǔ	名	coréen
19.	上课	shàng kè		assister aux cours
20.	上网	shàng wǎng		surfer sur internet
	网	wǎng	名	internet
21.	电脑	diànnǎo	名	ordinateur
22.	手机	shǒujī	名	téléphone portable
23.	下课	xià kè		le cours est terminé

专名 Nom propre

北京语言大学	Běijīng Yǔyán Dàxué	Université des Langues et des Cultures de Pékin

五 语法 Grammaire

1. "有"字句　Phase avec «有»

由"有"及其宾语作谓语的句子，叫"有"字句。这种句子表示领有。它的否定式是在"有"前加副词"没"，不能加"不"。例如：

Une phrase dont le prédicat est «有» dénote généralement la possession. Sa forme négative est formée en ajoutant l'adverbe «没» avant le verbe «有». Par exemple:

① 我有汉语书。　　② 他没有哥哥。
③ 他没有日语书。

2. 介词结构　Structures prépositionnelles

介词跟它的宾语组成介词结构，常用在动词前作状语。如"在银行工作""在教室上课"中的"在银行""在教室"都是由介词"在"和它的宾语组成的介词结构。

Une structure prépositionnelle se compose d'une préposition et de son complément d'objet, il vient souvent avant le verbe. Par exemple: «在银行» et «在教室» dans «在银行工作» et «在教室上课» sont deux structures prépositionnelles avec le mot «在» et ses compléments d'objets.

六 练习 Exercices

1. 选择适当的动词填空　Complétez les trous avec les mots qui conviennent

听　没有　学习　看　有　叫　是

（1）_____ 什么名字　　（2）_____ 几口人
（3）_____ 学生　　　　（4）_____ 汉语

（5）_____音乐　　　　　（6）_____孩子

（7）_____电视

2. 用"几"提问，完成下列对话　Complétez les dialogues avec des questions contenant le mot «几»

（1）A：_____？

B：明天星期四。

A：_____？

B：明天是六月一号。

（2）A：_____？

B：王老师家有四口人。

A：他有孩子吗？

B：_____。

A：_____？

B：他有一个孩子。

3. 看图说句子　Regardez les images et formez des phrases pour chaque image

（1）他们家　　　有

（2）在　　　酒吧

4. 谈一谈　Discutez

（1）同学们互相介绍自己的家庭。
　　　Les élèves présentent leur famille entre eux.

（2）介绍一下儿自己在哪儿学习、学习什么。
　　　Dites-nous où et ce que vous étudiez.

5. 听后复述　Écoutez et répétez

小明五岁。他有一个哥哥，哥哥是学生。他爸爸妈妈都工作。小明说（shuō, parler），他家有五口人。那一个是谁？是他的猫（māo, chat）。

6. 语音练习　Exercices de phonétique

（1）读下列词语：第一声 + 第四声　Lisez les mots suivants: premier ton + quatrième ton

dōu qù	（都去）	gāoxìng	（高兴）
shāngdiàn	（商店）	shēng qì	（生气）
yīnyuè	（音乐）	shēngdiào	（声调）
chī fàn	（吃饭）	bāngzhù	（帮助）
gōngzuò	（工作）	xūyào	（需要）

（2）第三声变调　Changement du troisième ton

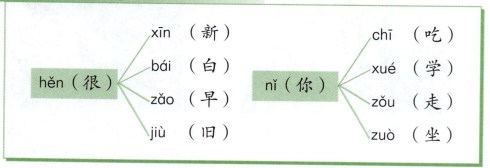

xúnwèn
询问（3）
Demander des renseignements (3)

08 现在几点

Quelle heure est-il maintenant?

一 句子 Phrases

037 现在几点？ Quelle heure est-il maintenant?
Xiànzài jǐ diǎn?

038 现在七点二十五分。
Xiànzài qī diǎn èrshíwǔ fēn.
Maintenant il est sept heures vingt-cinq.

039 你几点上课？ À quelle heure tu commences les cours?
Nǐ jǐ diǎn shàng kè?

040 差一刻八点去。 J'irai en cours à huit heures moins le quart.
Chà yí kè bā diǎn qù.

041 我去吃饭。 Je vais manger.
Wǒ qù chī fàn.

042 我们什么时候去？ Quand irons-nous?
Wǒmen shénme shíhou qù?

043 太早了。 Il est trop tôt.
Tài zǎo le.

044 我也六点半起床。
Wǒ yě liù diǎn bàn qǐ chuáng.
Moi aussi je me lève à sept heures et demie.

二 会 话 Conversations

1

玛丽: 王 兰,现在几点?
Mǎlì: Wáng Lán, xiànzài jǐ diǎn?

王兰: 现在七点二十五分。
Wáng Lán: Xiànzài qī diǎn èrshíwǔ fēn.

玛丽: 你几点上课?
Mǎlì: Nǐ jǐ diǎn shàng kè?

王兰: 八点。
Wáng Lán: Bā diǎn.

玛丽: 你什么时候去教室?
Mǎlì: Nǐ shénme shíhou qù jiàoshì?

王兰: 差一刻八点去。
Wáng Lán: Chà yí kè bā diǎn qù.

玛丽: 现在你去教室吗?
Mǎlì: Xiànzài nǐ qù jiàoshì ma?

王兰: 不去,我去吃饭。
Wáng Lán: Bú qù, wǒ qù chī fàn.

2

刘京: 明天去长城,好吗?
Liú Jīng: Míngtiān qù Chángchéng, hǎo ma?

大卫: 好,什么时候去?
Dàwèi: Hǎo, shénme shíhou qù?

刘京：早上七点。
Liú Jīng: Zǎoshang qī diǎn.

大卫：太早了，七点半吧。你几点起床？
Dàwèi: Tài zǎo le, qī diǎn bàn ba. Nǐ jǐ diǎn qǐ chuáng?

刘京：六点半，你呢？
Liú Jīng: Liù diǎn bàn, nǐ ne?

大卫：我也六点半起床。
Dàwèi: Wǒ yě liù diǎn bàn qǐ chuáng.

三 替换与扩展 Substitutions et Extensions

1. 替换　Substitutions

(1) A：现在几点？
　　B：现在 <u>7:25</u>。

10:15	3:45	11:35	12:10
2:30	8:15	2:55	5:20

(2) A：你什么时候 <u>去教室</u>？
　　B：<u>差一刻八点</u>。

回家	2:00
去食堂	11:55
去上海	7月28号
去日本	1月25号

（3）我去吃饭。　　▶◀　　买花儿　听音乐　打网球
　　　　　　　　　　　　　看电影　买水　　睡觉

2. 扩展 Extensions

（1）现在两点零五分，我去大卫宿舍看他。
　　Xiànzài liǎng diǎn líng wǔ fēn, wǒ qù Dàwèi sùshè kàn tā.

（2）早上七点一刻吃早饭，中午十二点吃
　　Zǎoshang qī diǎn yí kè chī zǎofàn, zhōngwǔ shí'èr diǎn chī
　　午饭，晚上六点半吃晚饭。
　　wǔfàn, wǎnshang liù diǎn bàn chī wǎnfàn.

四　生词　Nouveaux mots

1.	现在	xiànzài	名	maintenant
2.	点	diǎn	量	heure
3.	分	fēn	量	minute
4.	差	chà	动	moins, manquer
5.	刻	kè	量	quart (15 minutes)
6.	吃	chī	动	manger
7.	饭	fàn	名	repas
8.	时候	shíhou	名	temps, heure

08 现在几点 | Quelle heure est-il maintenant?

9.	半	bàn	数	moitié
10.	起	qǐ	动	se réveiller
11.	床	chuáng	名	lit
12.	早上	zǎoshang	名	matin
13.	吧	ba	助	*particule modale*
14.	食堂	shítáng	名	cantine
15.	花（儿）	huā (r)	名	fleur
16.	打	dǎ	动	jouer
17.	网球	wǎngqiú	名	tennis
18.	水	shuǐ	名	eau
19.	睡觉	shuì jiào		dormir
20.	早饭	zǎofàn	名	petit déjeuner
21.	午饭	wǔfàn	名	déjeuner
22.	晚饭	wǎnfàn	名	dîner

专名 Nom propre

长城	Chángchéng	La Grande Muraille de Chine

五 语法 Grammaire

1. 钟点的读法 Comment lire l'heure exacte (Quelle heure est-il?)

2:00	两点 liǎng diǎn	
6:05	六点零五分 liù diǎn líng wǔ fēn	
8:15	八点十五分 bā diǎn shíwǔ fēn	八点一刻 bā diǎn yí kè
10:30	十点三十分 shí diǎn sānshí fēn	十点半 shí diǎn bàn
11:45	十一点四十五分 shíyī diǎn sìshíwǔ fēn	十一点三刻 shíyī diǎn sān kè 差一刻十二点 chà yí kè shí'èr diǎn
1:50	一点五十分 yī diǎn wǔshí fēn	差十分两点 chà shí fēn liǎng diǎn

2. 时间词 Noms indiquant le temps

（1）表示时间的名词或数量词可作主语、谓语、定语。例如：

Les noms ou quantificateurs représentant le temps peuvent être utilisés comme sujets, prédicats ou déterminatifs. Par exemple:

> ① 现在八点。（主语）　　　　② 今天五号。（谓语）
> ③ 他看八点二十的电影。（定语）
> ④ 晚上的电视很好。（定语）

（2）时间词作状语时，可放在主语之后、谓语之前，也可放在主语之前。例如：

Lorsque le mot de temps est utilisé comme complément circonstanciel, il peut être placé après le sujet, avant le prédicat ou avant le sujet. Par exemple:

⑤ 我晚上看电视。　　　　　⑥ 晚上我看电视。

（3）作状语的时间词有两个以上时，表示时间长的词在前。例如：

Lorsqu'il y a plus de deux mots de temps utilisés comme complément circonstanciel, le mot qui représente l'unité plus grand vient en premier. Par exemple:

⑦ 今天晚上八点二十分我看电影。

（4）时间词与处所词同时作状语时，一般来说时间词在前，处所词在时间词之后。例如：

Lorsqu'un mot de temps et un mot de lieu sont utilisés comme compléments circonstanciels en même temps, généralement le mot de temps est devant le mot de lieu. Par exemple:

⑧ 她现在在银行工作。

六 练习 Exercices

1. 用汉语说出下列时间并选择五个造句　Lisez les heures suivantes et faites des phrases avec cinq d'entre elles

| 10:00 | 6:30 | 4:35 | 8:05 | 7:15 |
| 9:25 | 11:45 | 2:55 | 3:20 | 12:10 |

2. 完成对话　Complétez les conversations suivantes

（1）A：你们几点上课？

　　　B：_____。

　　　A：你几点去教室？

　　　　B：_____。现在几点？

　　　　A：_____。

（2）A：_____？

　　　　B：十二点半吃午饭。

　　　　A：_____？

　　　　B：我十二点十分去食堂。

3. **按照实际情况回答问题**　Répondez aux questions en fonction de la situation réelle

（1）你几点起床？你吃早饭吗？几点吃早饭？

（2）你几点上课？几点下课？几点吃饭？

（3）你几点吃晚饭（wǎnfàn, dîner）？几点睡觉？

（4）星期六你几点起床？几点睡觉？

4. **说说你的一天**　Parle de ta journée

5. **听后复述**　Écoutez et répétez

　　今天星期六，我们不上课。小王说，晚上有一个好电影，他和我一起（yìqǐ, ensemble）去看，我很高兴。

　　下午六点我去食堂吃饭，六点半去小王的宿舍，七点我们去看电影。

6. 语音练习   Exercices de phonétique

(1) 读下列词语：第一声 + 轻声 Lisez les mots suivants: premier ton + ton neutre

yīfu	（衣服）	xiūxi	（休息）
dōngxi	（东西）	zhīshi	（知识）
chuānghu	（窗户）	tāmen	（他们）
dāozi	（刀子）	bōli	（玻璃）
māma	（妈妈）	zhuōzi	（桌子）

(2) 常用音节练习 Exercices des syllabes courantes

de
- xīn de （新的）
- cháng de （长的）
- wǒ de （我的）
- jiù de （旧的）

shi
- lǎoshī （老师）
- shí ge （十个）
- jiàoshì （教室）
- zhīshi （知识）

xúnwèn
询问（4）
Demander des renseignements (4)

09 你住在哪儿

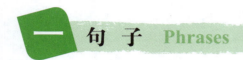
Où habites-tu?

一 句子 Phrases

045 你住在哪儿？ Où habites-tu?
Nǐ zhù zài nǎr?

046 我住在留学生宿舍。
Wǒ zhù zài liúxuéshēng sùshè.
Je vis dans le dortoir des étudiants étrangers.

047 多少号房间？①② Quel est le numéro de la chambre?
Duōshao hào fángjiān?

048 你家在哪儿？ Où est ta maison?
Nǐ jiā zài nǎr?

049 欢迎你去玩儿。 Tu es le/la bienvenu(-e) chez moi.
Huānyíng nǐ qù wánr.

050 她常去。 Elle y va souvent.
Tā cháng qù.

051 我们一起去吧。 Allons-y ensemble.
Wǒmen yìqǐ qù ba.

052 那太好了！③ C'est génial!
Nà tài hǎo le!

09 你住在哪儿？ Où habites-tu?

二 会 话 Conversations

1

刘京： 你 住 在 哪 儿？
Liú Jīng: Nǐ zhù zài nǎr?

大卫： 我 住 在 留 学 生 宿 舍。
Dàwèi: Wǒ zhù zài liúxuéshēng sùshè.

刘京： 几 号 楼？①
Liú Jīng: Jǐ hào lóu?

大卫： 九 号 楼。
Dàwèi: Jiǔ hào lóu.

刘京： 多 少 号 房 间？
Liú Jīng: Duōshao hào fángjiān?

大卫： ３０８ 房 间。② 你 家 在 哪 儿？
Dàwèi: Sān líng bā fángjiān. Nǐ jiā zài nǎr?

刘京： 我 家 在 学 院 路 ２５ 号，欢 迎 你 去 玩 儿。
Liú Jīng: Wǒ jiā zài Xuéyuàn Lù èrshíwǔ hào, huānyíng nǐ qù wánr.

大卫： 谢 谢！
Dàwèi: Xièxie!

2

大卫： 张 丽 英 家 在 哪 儿？
Dàwèi: Zhāng Lìyīng jiā zài nǎr?

玛丽： 我 不 知 道。王 兰 知 道。她 常 去。
Mǎlì: Wǒ bù zhīdao. Wáng Lán zhīdao. Tā cháng qù.

大卫： 好，我 去 问 她。
Dàwèi: Hǎo, wǒ qù wèn tā.

3

大卫： 王兰，张丽英家在哪儿？
Dàwèi: Wáng Lán, Zhāng Lìyīng jiā zài nǎr?

王兰： 清华大学旁边。你去她家吗？
Wáng Lán: Qīnghuá Dàxué pángbiān. Nǐ qù tā jiā ma?

大卫： 对，明天我去她家。
Dàwèi: Duì, míngtiān wǒ qù tā jiā.

王兰： 你不认识路，
Wáng Lán: Nǐ bú rènshi lù,

我们一起去吧。
wǒmen yìqǐ qù ba.

大卫： 那太好了！
Dàwèi: Nà tài hǎo le!

注释   Remarques

❶ 多少号房间？   Quel est le numéro de la chambre?
几号楼？   Quel est le numéro du bâtiment?

这两句中的"几"和"多少"都是用来询问数目的。估计数目在 10 以下，一般用"几"，10 以上用"多少"。

Ici «几» et «多少» sont utilisés pour demander le nombre. Lorsque le nombre suggéré est inférieur à dix, «几» est généralement utilisé; lorsque le nombre suggéré est supérieur à dix, il est généralement utilisé «多少».

❷ 多少号房间？   Quel est le numéro de la chambre?
308房间。   Numéro 308.

"号"用在数字后面表示顺序，一般不省略。例如：
«号», qui vient après le chiffre et indique l'ordre, ne peut pas être omis. Par exemple:

9号楼   23号房间

如果数字是三位或三位以上，一般省略"号"，而且按字面读数字。例如：
Si le nombre se compose de trois chiffres ou plus, alors «号» est généralement omis, et vous pouvez lire tous les chiffres dans l'ordre. Par exemple:

303 医院　　　　2032 房间

❸ 那太好了！　C'est génial!

这里的"那"，意思是"那样的话"。"太好了"是表示满意、赞叹的用语。"太"在这里表示程度极高。
Ici, «那» signifie «si c'est comme cela, alors». «太好了» est une expression de contentement et d'admiration. Ici «太» signifie «très».

 替换与扩展　Substitutions et Extensions

1. 替换　Substitutions

(1) A：你住在哪儿？
　　B：我住在<u>留学生宿舍</u>。

| 9号楼308房间 |
| 5号楼204房间 |
| 上海　　北京饭店 |

(2) 欢迎你<u>去玩儿</u>。

| 来我家玩儿 | 来北京工作 |
| 来语言大学学习 | |

(3) 她常去<u>张丽英家</u>。

| 那个公园 | 那个邮局 |
| 留学生宿舍 | 我们学校 |

Demander des renseignements (4)

2. 扩展　Extensions

A：你去哪儿？
　　Nǐ qù nǎr?

B：我去找王老师。他住在学院路15号，
　　Wǒ qù zhǎo Wáng lǎoshī. Tā zhù zài Xuéyuàn Lù shíwǔ hào,
　　6号楼2层。
　　liù hào lóu èr céng.

四　生词　Nouveaux mots

1.	住	zhù	动	habiter
2.	多少	duōshao	代	combien
3.	号	hào	量	numéro
4.	房间	fángjiān	名	chambre
5.	欢迎	huānyíng	动	bienvenue
6.	玩儿	wánr	动	jouer
7.	常（常）	cháng (cháng)	副	souvent
8.	一起	yìqǐ	副	ensemble
9.	楼	lóu	名	bâtiment
10.	路	lù	名	route
11.	知道	zhīdao	动	savoir
12.	问	wèn	动	demander
13.	旁边	pángbiān	名	près; côté
14.	对	duì	形/介/动	oui; opposé; en face

15.	公园	gōngyuán	名	parc
16.	邮局	yóujú	名	poste
17.	学校	xuéxiào	名	école
18.	找	zhǎo	动	chercher
19.	层	céng	量	étage

专名　Noms propres

1.	学院路	Xuéyuàn Lù	Rue Xueyuan
2.	清华大学	Qīnghuá Dàxué	Université de Tsinghua
3.	上海	Shànghǎi	Shanghai
4.	北京饭店	Běijīng Fàndiàn	Hôtel de Pékin
5.	北京	Běijīng	Pékin

五　语法　Grammaire

1. 连动句　Phrase à verbes successifs

在动词谓语句中，几个动词或动词短语连用，且有同一主语，这样的句子叫连动句。例如：

Dans la phrase à verbes successifs, plusieurs verbes ou locutions verbales servent de prédicat du même sujet. Par exemple:

① 下午我去他家看他。　② 王林常去看电影。
③ 星期天大卫来我家玩儿。　④ 我去他宿舍看他。

2. 状语　Compléments circonstanciels

动词、形容词前面的修饰成分叫状语。副词、形容词、时间词、介词结构等都可作状语。例如：

Le complément circonstanciel est l'élément qui précède et décrit un verbe ou un adjectif dans une phrase. Les adverbes, les adjectifs, les temporatifs et les constructions prépositionnelles peuvent servir de complément circonstanciel. Par exemple:

① 她常去我家玩儿。　② 你们快来。
③ 我们上午去。　　　④ 他姐姐在银行工作。

六　练习　Exercices

1. 熟读下列词语并选择几个造句　Lisez plusieurs fois les locutions suivantes et en choisissez quelques-unes pour formuler des phrases

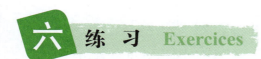

2. 按照实际情况回答问题　Répondez aux questions en fonction de la situation réelle

（1）你家在哪儿？你的宿舍在哪儿？
（2）你住在几号楼？多少号房间？
（3）星期天你常去哪儿？晚上你常做什么？

3. 用下列词语造句　Faites des phrases avec les mots suivants

例 Exemple　家　　在 ➡ 王老师的家在北京大学。

（1）商店　在 ➡ _____

（2）谁　认识 ➡ _____

（3）一起　听 ➡ _____

4. 谈一谈　Discutez

介绍一下你的一个朋友。
Présente un de tes amis.

提示：他/她住在哪儿，在哪儿学习或工作，等等。
Indices: Où est-ce qu'il/elle vit, où est-ce qu'il/elle travaille, etc.

5. 语音练习　Exercices de phonétique

(1) 读下列词语：第二声 + 第一声　Lisez les mots suivants: deuxième ton + premier ton

míngtiān （明天）	zuótiān （昨天）
jié hūn （结婚）	fángjiān （房间）
máoyī （毛衣）	pángbiān （旁边）
qiántiān （前天）	shíjiān （时间）
hóng huār （红花儿）	huí jiā （回家）

(2) 常用音节练习　Exercices des syllabes courantes

xúnwèn
询问（5）
Demander des renseignements (5)

10 邮局在哪儿

Où est la poste?

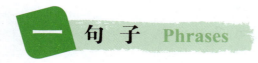

句子 Phrases

053
八号楼在邮局旁边。
Bā hào lóu zài yóujú pángbiān.
Le bâtiment numéro 8 est situé près de la poste.

054
去八号楼怎么走？
Qù bā hào lóu zěnme zǒu?
Comment se rendre au bâtiment numéro 8?

055
那个楼就是八号楼。 C'est le bâtiment numéro 8.
Nàge lóu jiù shì bā hào lóu.

056
请问，邮局在哪儿？①
Qǐngwèn, yóujú zài nǎr?
S'il vous plaît dites-moi où est la poste?

057
往前走就是邮局。
Wǎng qián zǒu jiù shì yóujú.
Allez tout droit, la poste est jute devant.

058
邮局离这儿远不远？
Yóujú lí zhèr yuǎn bu yuǎn?
La poste est-elle loin d'ici?

10 邮局在哪儿 Où est la poste?

059 | 百货大楼在什么地方？
Bǎihuò Dàlóu zài shénme dìfang?
Où est situé le grand magasin?

060 | 在哪儿坐车？ Où puis-je prendre le bus?
Zài nǎr zuò chē?

二 会话 Conversations

1

A: 请问，八号楼在哪儿？
Qǐngwèn, bā hào lóu zài nǎr?

刘京: 在邮局旁边。
Liú Jīng: Zài yóujú pángbiān.

A: 去八号楼怎么走？
Qù bā hào lóu zěnme zǒu?

刘京: 你看，那个楼就是②。
Liú Jīng: Nǐ kàn, nàge lóu jiù shì.

2

和子: 请问，邮局在哪儿？
Hézǐ: Qǐngwèn, yóujú zài nǎr?

B: 往前走就是邮局。
Wǎng qián zǒu jiù shì yóujú.

和子: 离这儿远不远？
Hézǐ: Lí zhèr yuǎn bu yuǎn?

B: 不太远。就在银行前边。②
Bú tài yuǎn. Jiù zài yínháng qiánbian.

3

玛丽：请问，百货大楼在什么地方？
Mǎlì: Qǐngwèn, Bǎihuò Dàlóu zài shénme dìfang?

C：在王府井。
Zài Wángfǔjǐng.

玛丽：离天安门远不远？
Mǎlì: Lí Tiān'ānmén yuǎn bu yuǎn?

C：不远。您怎么去？
Bù yuǎn. Nín zěnme qù?

玛丽：坐公交车。请问
Mǎlì: Zuò gōngjiāochē. Qǐngwèn

在哪儿坐车？
zài nǎr zuò chē?

C：就在那儿。②
Jiù zài nàr.

玛丽：谢谢！
Mǎlì: Xièxie!

注释　Remarques

① 请问，邮局在哪儿？
S'il vous plaît dites-moi où est la poste?

"请问"是向别人提问时的客套语。一定要用在提出问题之前。
«请问» (s'il vous plaît dites-moi...) est utilisé pour demander poliment à quelqu'un de répondre à votre question. Il vient avant la question.

② 那个楼就是。C'est ce bâtiment.
就在银行前边。Juste devant la banque.
就在那儿。C'est juste là-bas.

这三句中的副词"就"都是用来加强肯定语气的。
L'adverbe «就» dans ces phrases sert à renforcer le ton affirmatif.

10 邮局在哪儿 Où est la poste?

三 替换与扩展 Substitutions et Extensions

1. 替换 Substitutions

（1）A：八号楼在哪儿？
　　B：在<u>邮局旁边</u>。

| 留学生食堂西边 |
| 那个楼南边 |
| 他的宿舍楼北边 |
| 操场东边 |

（2）<u>邮局</u>离<u>这儿</u>远不远？

他家	北京语言大学
北京饭店	这儿
食堂	宿舍

（3）在哪儿<u>坐车</u>？

学习汉语	工作
吃饭	休息
买电脑	

2. 扩展 Extensions

他爸爸在商店工作。那个商店离他家
Tā bàba zài shāngdiàn gōngzuò. Nàge shāngdiàn lí tā jiā
很近。他爸爸早上七点半去工作，下午五
hěn jìn. Tā bàba zǎoshang qī diǎn bàn qù gōngzuò, xiàwǔ wǔ
点半回家。
diǎn bàn huí jiā.

四 生词 Nouveaux mots

1.	怎么	zěnme	代	comment
2.	走	zǒu	动	marcher
3.	就	jiù	副	juste
4.	请问	qǐngwèn	动	s'il vous plaît dites-moi…
5.	往	wǎng	介/动	aller; à
6.	前	qián	名	devant
7.	离	lí	动	de (désignation de distance ou laps de temps)
8.	这儿	zhèr	代	ici
9.	远	yuǎn	形	loin
10.	地方	dìfang	名	lieu
11.	坐	zuò	动	s'asseoir
12.	车	chē	名	voiture
13.	前边	qiánbian	名	devant
14.	公交车	gōngjiāochē	名	bus
15.	那儿	nàr	代	là-bas
16.	西边	xībian	名	côté ouest
17.	南边	nánbian	名	côté sud
18.	北边	běibian	名	côté nord
19.	操场	cāochǎng	名	terrain
20.	东边	dōngbian	名	côté est
21.	近	jìn	形	près

专名　Noms propres

1.	百货大楼	Bǎihuò Dàlóu	Grand magasin
2.	王府井	Wángfǔjǐng	Wangfujing
3.	天安门	Tiān'ānmén	Tiananmen

五　语法　Grammaire

1. 方位词　Noms de localisation

"旁边""前边"等都是方位词。方位词是名词的一种，可以作主语、宾语、定语等句子成分。方位词作定语时，一般要用"的"与中心语连接。例如：东边的房间、前边的商店。

《旁边》《前边》ou d'autres noms de localisation peuvent servir de sujet, de complément d'objet, de déterminatif, etc. En tant que déterminatif, les noms de localisation sont généralement connectés à d'autres noms avec «的». Par exemple: 东边的房间，前边的商店。

2. 正反疑问句　Question affirmative-négative

将谓语中的动词或形容词的肯定式和否定式并列，就构成了正反疑问句。例如：

La question affirmative-négative est formée en reliant la forme affirmative et négative du même verbe ou du même adjectif. Par exemple:

① 你今天来不来？　　② 这个电影好不好？
③ 这是不是你们的教室？　　④ 王府井离这儿远不远？

六 练习 Exercices

1. 选词填空 Complétez les trous avec les mots qui conviennent

去　在　离　回　买　往

（1）八号楼_____九号楼不太远。

（2）食堂_____宿舍旁边。

（3）邮局很近，_____前走就是。

（4）今天晚上我不学习，_____家看电视。

（5）我们_____宿舍休息一下儿吧。

（6）这本（běn, un mot de mesure）书很好，你_____不_____？

2. 判断正误 Vrai ou faux

（1）我哥哥在学校工作。　　　　　　　　　（　）

　　我哥哥工作在学校。　　　　　　　　　（　）

（2）操场宿舍很近。　　　　　　　　　　　（　）

　　操场离宿舍很近。　　　　　　　　　　（　）

（3）我在食堂吃早饭。　　　　　　　　　　（　）

　　我吃早饭在食堂。　　　　　　　　　　（　）

（4）他去银行早上八点半。　　　　　　　　（　）

　　他早上八点半去银行。　　　　　　　　（　）

3. 看图说句子 Regardez les images et formez des phrases pour chaque image

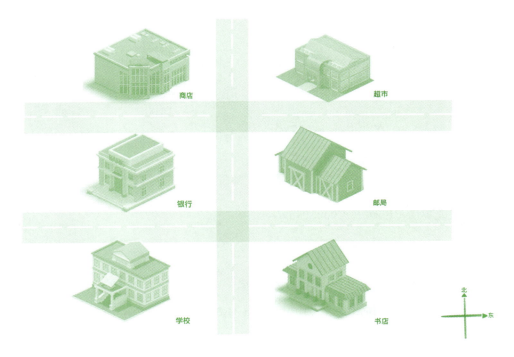

4. 听后复述 Écoutez et répétez

咖啡馆（kāfēiguǎn, cafétéria）离宿舍不远，我常去那儿买咖啡（kāfēi, café）、看书。书店在银行旁边。那个书店很大，书很多，我常去那儿买书。

5. 语音练习 Exercices de phonétique

（1）读下列词语：第二声＋第二声　Lisez les mots suivants: deuxième ton + deuxième ton

liú xué	（留学）	yínháng	（银行）
zhíyuán	（职员）	xuéxí	（学习）
shítáng	（食堂）	huídá	（回答）
tóngxué	（同学）	rénmín	（人民）
wénmíng	（文明）	értóng	（儿童）

(2) 常用音节练习　Exercices des syllabes courantes

(3) 朗读会话　Lecture à voix haute

A: Qǐngwèn, Běijīng Dàxué zài nǎr?

B: Zài Qīnghuá Dàxué xībian.

A: Qīnghuá Dàxué dōngbian shì Yǔyán Dàxué ma?

B: Duì. Zhèr yǒu hěn duō dàxué. Yǔyán Dàxué nánbian hái yǒu hǎojǐ（beaucoup） ge dàxué.

A: Cóng zhèr wǎng běi zǒu, dàxué bù duō le, shì bu shì?

B: Shì de.

复习（二）

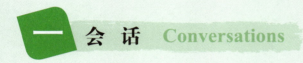

一　会 话　Conversations

1

王：小卫（Xiǎo Wèi, Petit Wei），我们什么时候去小李家？

卫：星期天，好吗？

王：好。他家在上海饭店（Shànghǎi Fàndiàn, Hôtel de Shanghai）旁边吧？

卫：他搬家（bān jiā, déménager）了，现在在中华路（Zhōnghuá Lù, Rue Zhonghua）38号。你认识那个地方吗？

王：不认识，问一下儿小马吧。

2

卫：小马，中华路在什么地方？你知道吗？

马：中华路离我奶奶（nǎinai, grand-mère）家很近。你们去那儿做什么？

王：看一个朋友。那儿离这儿远吗？

马：不太远。星期天我去奶奶家，你们和我一起去吧。

3

王：小马，你奶奶不和你们住在一起吗？

马：不住在一起。奶奶一个人住，我和爸爸妈妈常去看她。

卫：你奶奶身体好吗？

马：身体很好。她今年六十七岁了。前边就是我奶奶家，你们去坐一会儿（yíhuìr, un instant）吧！

王：十点了，我们不去了。

马：再见！

卫、王：再见！

二 语法 Grammaire

句子的主要成分　Les principaux éléments d'une phrase

1. 主语和谓语　Sujet et prédicat

句子一般可分为主语和谓语两大部分。主语一般在谓语之前。例如：
Une phrase se compose généralement d'un sujet et d'un prédicat. Le sujet vient généralement avant le prédicat. Par exemple:

① 你好！　　② 我去商店。

如果语言环境清楚，主语或谓语可省略。例如：
Le sujet ou le prédicat peut être omis lorsque le contexte est clair. Par exemple:

③ A：你好吗？　　④ A：谁是学生？
　 B：（我）很好。　　 B：他（是学生）。

2. 宾语　Complément d'objet

宾语是动词的连带成分，一般在动词后边。例如：

Le complément d'objet est un élément en relation avec le verbe, généralement après le verbe. Par exemple:

① 我认识他。　　② 他有一个哥哥。
③ 他是学生。

3. 定语　Déterminatif

定语一般都修饰名词。定语和中心语之间有时用结构助词"的"，例如：王兰的朋友；有时不用，例如：我姐姐、好朋友（见第 5 课语法 2）。

Les déterminatifs modifient généralement les noms. La particule structurale «的» est parfois placée entre le déterminatif et le mot défini, par exemple: 王兰的朋友. Et parfois «的» n'est pas utilisé, Par exemple: 我姐姐, 好朋友 (Voir la grammaire 2 dans la leçon 5).

4. 状语　Complément circonstanciel

状语是用来修饰动词和形容词的。一般要放在中心语的前边。例如：

Les compléments circonstanciels sont utilisés pour modifier les verbes et les adjectifs. Ils sont généralement placés devant les mots modifiés. Par exemple:

① 我很好。　　② 他们都来。
③ 他在家看电视。

三　练习　Exercices

1. 回答问题　Répondez aux questions

（1）一年有几个月？一个月有几个星期？一个星期有几天（tiān, jour）？

（2）今天几月几号？明天星期几？星期天是几月几号？

（3）你家有几口人？他们是谁？你妈妈工作不工作？你住在哪儿？你家离学校远不远？

2. 用下面的句子练习会话　Inventez des dialogues avec ces phrases

（1）问候　Salutations

你好！　　　　　　　你早！　　　　　　　你……身体好吗？
你好吗？　　　　　　早上好！　　　　　　他好吗？
你身体好吗？　　　　你工作忙不忙？

（2）相识、介绍　Faire connaissance

您贵姓？　　　　　　他姓什么？　　　　　我介绍一下儿。
你叫什么名字？　　　他是谁？　　　　　　我叫……。
你是——　　　　　　　　　　　　　　　　我是……。
　　　　　　　　　　　　　　　　　　　　这是……。
　　　　　　　　　　　　　　　　　　　　认识你很高兴。

（3）询问　Demander des renseignements

A. 问时间　demander le temps

……几月几号星期几？
……几点？
你的生日……？
你几点……？
你什么时候……？

B. 问路　demander la route

……去哪儿？
去……怎么走？
……离这儿远吗？

C. 问住址　demander l'adresse

> 你家在哪儿？
> 你住在哪儿？
> 你住在多少号房间？

D. 问家庭　demander la famille

> 你家有几口人？
> 你家有什么人？
> 你家有谁？
> 你有……吗？
> 你……做什么工作？

3. **语音练习**　Exercices de phonétique

（1）声调练习：第二声+第二声　Exercice des tons: deuxième ton + deuxième ton

　　　tóngxué　　　　　（同学）

　　　nán tóngxué　　　（男同学）

　　　nán tóngxué lái　　（男同学来）

　　　nán tóngxué lái wánr　（男同学来玩儿）

（2）朗读会话　Lisez le dialogue

A: Yóujú lí zhèr yuǎn ma?

B: Bú tài yuǎn, jiù zài nàr.

A: Nàge yóujú dà bu dà?

B: Hěn dà. Nǐ jì dōngxi ma?

A: Duì, hái mǎi míngxìnpiàn (carte postale).

四 阅读短文 Lisez le texte

张丽英家有四口人：爸爸、妈妈、姐姐和她。

她爸爸是大夫，五十七岁了，身体很好。他工作很忙，星期天常常不休息。

她妈妈是银行职员，今年五十五岁。

她姐姐是老师，今年二月结婚了。她姐姐不住在爸爸妈妈家。

昨天是星期五，下午没有课。我们去她家了。她家在北京饭店旁边。我们到（dào, arriver）她家的时候，她爸爸妈妈不在家。我们和她一起聊天儿（liáo tiānr, discuter）、听音乐、看电视……

五点半张丽英的爸爸妈妈回家了。她姐姐也来了。我们在她家吃晚饭。晚上八点半我们就回学校了。

xūyào
需要（1）
Besoins (1)

11 我要买橘子
Je veux acheter des mandarines

一 句子 Phrases

061 您买什么？ Que voulez-vous acheter?
Nín mǎi shénme?

062 苹果多少钱一斤？①
Píngguǒ duōshao qián yì jīn?
Combien coûte un demi-kilo de pommes?

063 七块五（毛）② 一斤。
Qī kuài wǔ (máo) yì jīn.
Un demi-kilo coûte sept yuans cinq jiao.

064 您要多少？ Combien vous en voulez?
Nín yào duōshao?

065 您还要别的吗？ Avez-vous besoin d'autre chose?
Nín hái yào bié de ma?

066 不要了。 Je ne veux rien d'autre.
Bú yào le.

067 我要买橘子。 Je veux acheter des mandarines.
Wǒ yào mǎi júzi.

068 您尝尝。 Goûtez un peu.
Nín chángchang.

Besoins (1) 101

二 会话 Conversations

1

售货员：您要什么？
Shòuhuòyuán: Nín yào shénme?

大卫：我要苹果。多少钱一斤？
Dàwèi: Wǒ yào píngguǒ. Duōshao qián yì jīn?

售货员：七块五（毛）。
Shòuhuòyuán: Qī kuài wǔ (máo).

大卫：那种呢？
Dàwèi: Nà zhǒng ne?

售货员：九块六。
Shòuhuòyuán: Jiǔ kuài liù.

大卫：要这种吧。
Dàwèi: Yào zhè zhǒng ba.

售货员：要多少？
Shòuhuòyuán: Yào duōshao?

大卫：两斤。
Dàwèi: Liǎng jīn.

售货员：还要别的吗？
Shòuhuòyuán: Hái yào bié de ma?

大卫：不要了。
Dàwèi: Bú yào le.

售货员：您怎么付？
Shòuhuòyuán: Nín zěnme fù?

大卫：微信吧。
Dàwèi: Wēixìn ba.

11 我要买橘子　Je veux acheter des mandarines

2

售货员：您要买什么？
Shòuhuòyuán: Nín yào mǎi shénme?

玛丽：我要买橘子。一斤多少钱？①
Mǎlì: Wǒ yào mǎi júzi. Yì jīn duōshao qián?

售货员：九块八。
Shòuhuòyuán: Jiǔ kuài bā.

玛丽：太贵了。
Mǎlì: Tài guì le.

售货员：那种便宜。
Shòuhuòyuán: Nà zhǒng piányi.

玛丽：那种好不好？
Mǎlì: Nà zhǒng hǎo bu hǎo?

售货员：您尝尝。
Shòuhuòyuán: Nín chángchang.

玛丽：好，我要五个。
Mǎlì: Hǎo, wǒ yào wǔ ge.

售货员：这是一斤半，十一块四。还买别
Shòuhuòyuán: Zhè shì yì jīn bàn, shíyī kuài sì. Hái mǎi bié

的吗？
de ma?

玛丽：不要了。
Mǎlì: Bú yào le.

Besoins (1)

注释　Remarques

❶ 苹果多少钱一斤？　Combien coûte un demi-kilo de pommes?
（橘子）一斤多少钱？　Combien coûte un demi-kilo (mandarines)?

　　这两句的意思相同，都是询问一斤的价钱。只是前句侧重"多少钱"能买一斤，后句侧重"一斤"需要多少钱。

　　Les sens de ces deux phrases sont similaires. On demande tous le prix d'un demi-kilo de produits. Cependant, la première phrase met l'accent sur «多少钱» (c'est-à-dire le prix), tandis que la seconde met l'accent sur «一斤» (c'est-à-dire le poids).

❷ 七块五（毛）。　Sept yuans cinq jiao.

　　人民币的计算单位是"元、角、分"，口语里常用"块、毛、分"，都是十进位。处于最后一位的"毛"或"分"可以省略不说。例如：

　　«元» «角» et «分» sont tous les unités de compte du renminbi (RMB), qui utilise le système décimal. Dans la langue parlée, «块» «毛» «分» sont plus couramment utilisés. Vous pouvez omettre «毛» et «分» lorsqu'ils sont la dernière unité d'un nombre. Par exemple：

　　1.30元 → 一块三　　　　2.85元 → 两块八毛五

三　替换与扩展　Substitutions et Extensions

1. 替换　Substitutions

(1) A：您买什么？
　　 B：我买苹果。

看	汉语书
喝	（可口）可乐
听	录音
学习	汉语

11 我要买橘子 Je veux acheter des mandarines

（2）您<u>尝尝</u>。　▶◀　| 看 | 听 | 问 |

（3）我要<u>买橘子</u>。　▶◀　
| 看电视 | 吃苹果 | 喝水 |
| 上网 | 发电子邮件 | |

2. 扩展　Extensions

（1）我 常 去 百货 大楼 买 东西。那儿 的
　　Wǒ cháng qù Bǎihuò Dàlóu mǎi dōngxi. Nàr de

东 西 很 多，也 很 便 宜。
dōngxi hěn duō, yě hěn piányi.

（2）A：你 要 喝 什 么？
　　　Nǐ yào hē shénme?

　　B：有 可 乐 吗？
　　　Yǒu kělè ma?

　　A：有。
　　　Yǒu.

　　B：要 两 瓶 吧。
　　　Yào liǎng píng ba.

四　生词　Nouveaux mots

1.	苹果	píngguǒ	名	pomme
2.	钱	qián	名	argent
3.	斤	jīn	量	demi-kilo

4.	块（元）	kuài (yuán)	量	kuai, yuan (monnaie)
5.	毛（角）	máo (jiǎo)	量	mao, jiao (monnaie)
6.	要	yào	动/能愿	vouloir
7.	还	hái	副	encore
8.	别的	bié de		autre
9.	橘子	júzi	名	mandarine
10.	尝	cháng	动	goûter
11.	售货员	shòuhuòyuán	名	vendeur
12.	种	zhǒng	量	genre, variété
13.	付	fù	动	payer
14.	贵	guì	形	cher
15.	便宜	piányi	形	pas cher, bon marché
16.	喝	hē	动	boire
17.	录音	lùyīn	名	enregistrer
18.	发	fā	动	envoyer
19.	电子邮件	diànzǐ yóujiàn		adresse e-mail
20.	多	duō	形	beaucoup
21.	瓶	píng	名	bouteille

专名　Nom propre

（可口）可乐	(Kěkǒu-) kělè	Coca-Cola

11 我要买橘子　Je veux acheter des mandarines

五 语法　Grammaire

1. 语气助词"了"（1）　La particule modale « 了 » (1)

语气助词"了"有时表示情况有了变化。例如：
La particule modale « 了 » indique parfois un changement d'état. Par exemple:

① 这个月我不忙了。（以前很忙）

② 现在他有工作了。（以前没有工作）

2. 动词重叠　Redoublement des verbes

汉语中某些动词可以重叠。动词重叠表示动作经历的时间短促或轻松、随便；有时也表示尝试。单音节动词重叠的形式是"AA"，例如：看看、听听、尝尝；双音节动词重叠的形式是"ABAB"，例如：休息休息、介绍介绍。

En chinois, on trouve parfois le redoublement des verbes. Cette forme signifie la brièveté, la facilité d'une action ou la tentative de faire quelque chose. La forme redoublée d'un verbe monosyllabique est «AA». Par exemple: «看看» «听听» «尝尝». La forme redoublée d'un verbe dissyllabique est «ABAB». Par exemple: «休息休息» «介绍介绍».

六 练习　Exercices

1. 用汉语读出下列钱数　Lisez les sommes d'argent suivantes en chinois

| 6.54元 | 10.05元 | 2.30元 | 8.20元 | 42.52元 |
| 1.32元 | 9.06元 | 57.04元 | 100元 | 24.9元 |

Besoins (1)　107

2. 用动词的重叠式造句　Faites des phrases avec des formes redoublées des verbes

例 Exemple　问 ➡ 问问老师，明天上课吗？

　　介绍　　看　　听　　学习　　休息　　玩儿

3. 给括号中的词语选择适当的位置　Mettez les mots entre parenthèses au bon endroit (A ou B)

（1）我姐姐不去 A 书店 B。（了）

（2）他明天不来 A 上课 B。（了）

（3）您还 A 要 B 吗？（别的）

（4）这是两 A1 斤 B1，还 A2 买 B2 吗？（半，别的）

4. 完成对话　Complétez les conversations suivantes

（1）A：_____？

　　　B：一瓶可乐三块五毛钱。

（2）A：您买什么？

　　　B：_____。

　　　A：您要多少？

　　　B：_____。一斤橘子多少钱？

　　　A：_____。还要别的吗？

　　　B：_____。

5. 听后复述　Écoutez et répétez

　　我买汉语书，不知道去哪儿买。今天我问王兰，她说新华书店（Xīnhuá Shūdiàn, Librairie Xinhua）有，那儿的汉语书很多。明天下午我去看看。

6. 语音练习 Exercices de phonétique

(1) 读下列词语：第二声 + 第三声　Lisez les mots suivants: deuxième ton + troisième ton

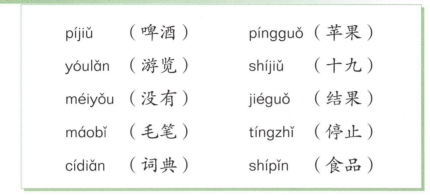

píjiǔ （啤酒）	píngguǒ （苹果）
máobǐ （毛笔）	tíngzhǐ （停止）
yóulǎn （游览）	shíjiǔ （十九）
méiyǒu （没有）	jiéguǒ （结果）
cídiǎn （词典）	shípǐn （食品）

(2) 常用音节练习　Exercices des syllabes courantes

you:
- yóu yǒng （游泳）
- yǒuhǎo （友好）
- zuǒyòu （左右）
- péngyou （朋友）

zhi:
- zhīshi （知识）
- yìzhí （一直）
- xìnzhǐ （信纸）
- zhèngzhì （政治）

12 我想买毛衣
Je veux acheter un pull

xūyào
需要（2）
Besoins (2)

一 句子 Phrases

069　天冷了。　Il fait froid.
　　　Tiān lěng le.

070　我想买件毛衣。① Je veux acheter un pull.
　　　Wǒ xiǎng mǎi jiàn máoyī.

071　星期天去，怎么样？
　　　Xīngqītiān qù, zěnmeyàng?
　　　Allons-y dimanche, d'accord?

072　星期天人太多。 Il y a beaucoup de monde le dimanche.
　　　Xīngqītiān rén tài duō.

073　我看看那件毛衣。
　　　Wǒ kànkan nà jiàn máoyī.
　　　Je veux voir ce pull.

074　这件毛衣我可以试试吗？
　　　Zhè jiàn máoyī wǒ kěyǐ shìshi ma?
　　　Est-ce que je peux essayer ce pull?

075　这件毛衣不大也不小。
　　　Zhè jiàn máoyī bú dà yě bù xiǎo.
　　　Ce pull n'est ni grand ni petit.

076　好极了！② C'est super!
　　　Hǎojí le!

12 我想买毛衣 Je veux acheter un pull

二 会 话 Conversations

1

大卫： 天冷了。我想买件毛衣。
Dàwèi： Tiān lěng le. Wǒ xiǎng mǎi jiàn máoyī.

玛丽： 我也要买东西。我们什么时候去？
Mǎlì： Wǒ yě yào mǎi dōngxi. Wǒmen shénme shíhou qù?

大卫： 星期天去，怎么样？
Dàwèi： Xīngqītiān qù, zěnmeyàng?

玛丽： 星期天人太多。
Mǎlì： Xīngqītiān rén tài duō.

大卫： 那明天下午去吧。
Dàwèi： Nà míngtiān xiàwǔ qù ba.

玛丽： 好。我们怎么去？
Mǎlì： Hǎo. Wǒmen zěnme qù?

大卫： 坐公交车吧。
Dàwèi： Zuò gōngjiāochē ba.

2

大卫： 小姐，我看看那件毛衣。
Dàwèi： Xiǎojiě, wǒ kànkan nà jiàn máoyī.

售货员： 好。
Shòuhuòyuán： Hǎo.

大卫： 我可以试试吗？
Dàwèi： Wǒ kěyǐ shìshi ma?

售货员： 您试一下儿吧。
Shòuhuòyuán： Nín shì yíxiàr ba.

Besoins (2)

玛丽： 这件太短了。③
Mǎlì: Zhè jiàn tài duǎn le.

售货员： 您试试那件。
Shòuhuòyuán: Nín shìshi nà jiàn.

大卫： 好，我再试一下儿。
Dàwèi: Hǎo, wǒ zài shì yíxiàr.

玛丽： 这件不大也不小。
Mǎlì: Zhè jiàn bú dà yě bù xiǎo.

大卫： 好极了，我就买这件。
Dàwèi: Hǎojí le, wǒ jiù mǎi zhè jiàn.

注释　Remarques

❶ 我想买件毛衣。　Je veux acheter un pull.

量词前的数词"一"如不在句首，可以省略。所以"买一件毛衣"可以说成"买件毛衣"。

Le chiffre «一» peut être omis devant un mot de mesure s'il n'est pas au début de la phrase. Par conséquent, on peut dire «买一件毛衣» et «买件毛衣».

❷ 好极了！　C'est super!

"极了"用在形容词或某些状态动词后，表示达到最高程度。例如：累极了、高兴极了、喜欢（xǐhuan）极了。

«极了» est placé après les adjectifs ou les verbes désignant un état. Cela signifie «extrêmement». Par exemple: 累极了, 高兴极了, 喜欢（xǐhuan, adorer）极了.

❸ 这件太短了。　Ce (pull) est trop court pour moi.

句中省略了中心语"毛衣"。在语言环境清楚时，中心语可以省略。

Le mot défini «毛衣» est omis de la phrase. Lorsque le contexte est clair, vous pouvez omettre le mot défini.

12 我想买毛衣 — Je veux acheter un pull

三 替换与扩展 Substitutions et Extensions

1. 替换 Substitutions

(1) 我想<u>买毛衣</u>。

学习汉语	看电影
发微信	喝水

(2) 我<u>看看</u>那<u>件</u> <u>毛衣</u>。

写	课	生词
穿	件	衣服
尝	种	水果

(3) 这<u>件</u> <u>毛衣</u>不<u>大</u>也不<u>小</u>。

件	衣服	长	短
课	生词	多	少

2. 扩展 Extensions

今 天 我 很 忙， 不 去 食堂 吃 饭 了。 北京
Jīntiān wǒ hěn máng, bú qù shítáng chī fàn le. Běijīng

的 宫保 鸡丁 很 好吃， 叫 一 个 外卖 吧。
de gōngbǎo jīdīng hěn hǎochī, jiào yí ge wàimài ba.

四 生词 Nouveaux mots

1.	天	tiān	名	jour
2.	冷	lěng	形	froid
3.	想	xiǎng	能愿/动	vouloir; penser
4.	件	jiàn	量	pièce
5.	毛衣	máoyī	名	pull
6.	怎么样	zěnmeyàng	代	comment
7.	可以	kěyǐ	能愿	pouvoir
8.	试	shì	动	essayer
9.	大	dà	形	grand
10.	小	xiǎo	形	petit
11.	……极了	……jí le		extrêmement
12.	短	duǎn	形	court
13.	再	zài	副	encore
14.	写	xiě	动	écrire
15.	生词	shēngcí	名	nouveaux mots
16.	穿	chuān	动	mettre, porter
17.	衣服	yīfu	名	vêtement
18.	长	cháng	形	long
19.	少	shǎo	形	peu
20.	宫保鸡丁	gōngbǎo jīdīng		poulet «gongbao» (cuisine chinoise)

| 21. | 好吃 | hǎochī | 形 | délicieux |
| 22. | 外卖 | wàimài | 名 | plat à emporter |

五 语法 Grammaire

1. 主谓谓语句 Une phrase avec sujet-prédicat comme prédicat

由主谓短语作谓语的句子叫主谓谓语句。主谓短语的主语所指的人或事物常跟全句的主语有关。例如:

La phrase avec sujet-prédicat comme prédicat est une phrase dont le prédicat est une construction sujet-prédicat. La personne ou la chose que représente le sujet dans le prédicat est souvent en relation avec le sujet de la phrase entière. Par exemple:

> ① 他身体很好。　　② 我工作很忙。
> ③ 星期天人很多。

2. 能愿动词 Verbes modaux

（1）能愿动词"想""要""可以""会"等常放在动词前边表示意愿、能力或可能。能愿动词的否定式是在能愿动词前加"不"。例如:

Les verbes modaux (tels que «想» «要» «可以» «会») sont généralement placés avant les autres verbes et indiquent un désir, une capacité ou une opportunité. Les formes négatives de ces verbes sont formées à l'aide de l'adverbe «不». Par exemple:

> ① 他要买书。　　② 我想回家。
> ③ 可以去那儿。　　④ 我不想买东西。

（2）能愿动词"要"的否定形式常用"不想"。例如：

《不想》est souvent utilisé comme forme négative du verbe modal «要». Par exemple：

⑤ A：你要喝水吗？
　B：我现在不想喝。

（3）带有能愿动词的句子，只要把能愿动词的肯定形式与否定形式并列起来，就构成了正反疑问句。例如：

Pour les phrases avec verbes modaux, on obtient une interrogation alternative en mettant côte à côte la forme négative et la forme négative de ces verbes. Par exemple：

⑥ 你想不想去长城？　　⑦ 你会不会说汉语？

六 练习 Exercices

1. 填入适当的量词，然后用"几"或"多少"提问　Complétez les trous avec les mots de mesure et posez des questions avec «几» et «多少»

例 Exemple　我要三_____橘子。→ 我要三斤橘子。你要几斤橘子？

（1）我想买一_____可乐。→ _____

（2）我要买两_____衣服。→ _____

（3）我家有五_____人。→ _____

（4）两个苹果要五_____六_____。→ _____

（5）这是六_____苹果。→ _____

（6）那个银行有二十五_____职员。→ _____

（7）这课有十七_____生词。→ _____

12 我想买毛衣　Je veux acheter un pull

2. 选择适当的词语完成句子　Complétez les phrases suivantes avec les mots donnés

不……也不……　　太……了　　……极了　　可以　　想

（1）这种 _____，那种便宜，我买那种。

（2）我很忙，今天 _____，想休息休息。

（3）这件衣服 _____，你穿 _____。

（4）今天不上课，我们 _____。

（5）明天星期天，我 _____。

3. 找出错误的句子并改正　Trouvez les phrases avec erreurs et corrigez-les

（1）A：你要吃苹果吗？
　　B：我要不吃苹果。

（2）A：星期天你想去不去玩儿？
　　B：我想去。你想不想去？

（3）A：请问，这儿能上不上网？
　　B：不能，这儿没有网。

（4）A：商店里人多吗？
　　B：商店里很多人。

4. 谈谈你买的一件东西　Parlez d'une chose que vous avez achetée

提示：多少钱？贵不贵？买的时候有几种？那几种怎么样？
Indices: Combien avez-vous payé? C'est cher? Combien de types de marchandises y avait-il lorsque vous faisiez vos courses? Que pensez-vous des autres produits?

5. 听后复述　Écoutez et répétez

A：这是张丽英买的毛衣。她穿太小，我穿太大，你试试怎么样。

B：不长也不短，好极了。多少钱？

A：不知道。不太贵。

B：我们去问问丽英。

A：现在她不在，下午再去问吧。

6. 语音练习   Exercices de phonétique

(1) 读下列词语：第二声 + 第四声   Lisez les mots suivants: deuxième ton + quatrième ton

yóupiào	（邮票）	yúkuài	（愉快）
tóngzhì	（同志）	xuéyuàn	（学院）
shíyuè	（十月）	qúnzhòng	（群众）
chéngdù	（程度）	guójì	（国际）
wénhuà	（文化）	dédào	（得到）

(2) 常用音节练习   Exercices des syllabes courantes

ji — xǐyījī （洗衣机）
　　zháo jí （着急）
　　jǐ ge （几个）
　　jì xìn （寄信）

yong — yōngjǐ （拥挤）
　　　yǒnggǎn （勇敢）
　　　yóu yǒng （游泳）
　　　búyòng （不用）

xūyào
需要（3）
Besoins (3)

13 要换车
Vous avez besoin de changer de bus

一 句子 Phrases

077
这路车到天安门吗？
Zhè lù chē dào Tiān'ānmén ma?
Ce bus va-t-il à Tian'anmen?

078
我没有卡。 Je n'ai pas de carte.
Wǒ méiyǒu kǎ.

079
我会说一点儿汉语。 Je parle un peu le chinois.
Wǒ huì shuō yìdiǎnr Hànyǔ.

080
到天安门还有几站？
Dào Tiān'ānmén hái yǒu jǐ zhàn?
Combien d'arrêts reste-t-il avant d'arriver à Tian'anmen?

081
天安门到了。 Nous sommes à Tian'anmen.
Tiān'ānmén dào le.

082
我买一张地铁票。 Je veux acheter un ticket de métro.
Wǒ mǎi yì zhāng dìtiěpiào.

083
去北京大学要换车吗？①
Qù Běijīng Dàxué yào huàn chē ma?
Dois-je changer de bus pour aller à l'Université de Pékin?

084
换几号线？ Quelle ligne dois-je prendre?
Huàn jǐ hào xiàn?

二 会 话 Conversations

1（大卫和玛丽坐公交车去天安门）

玛丽： 请问，这路车到天安门吗？
Mǎlì: Qǐngwèn, zhè lù chē dào Tiān'ānmén ma?

售票员： 到。上车吧，请刷卡。
Shòupiàoyuán: Dào. Shàng chē ba, qǐng shuā kǎ.

大卫： 我没有卡。
Dàwèi: Wǒ méiyǒu kǎ.

售票员： 刷手机、投币都可以。
Shòupiàoyuán: Shuā shǒujī、tóu bì dōu kěyǐ.

玛丽： 到天安门多少钱？
Mǎlì: Dào Tiān'ānmén duōshao qián?

售票员： 七块。
Shòupiàoyuán: Qī kuài.

A： 你们会说汉语？②
Nǐmen huì shuō Hànyǔ?

大卫： 会说一点儿。
Dàwèi: Huì shuō yìdiǎnr.

玛丽： 我说汉语，你懂吗？
Mǎlì: Wǒ shuō Hànyǔ, nǐ dǒng ma?

A： 懂。你们是哪国人？
Dǒng. Nǐmen shì nǎ guó rén?

大卫： 我是法国人。
Dàwèi: Wǒ shì Fǎguórén.

13 要换车 Vous avez besoin de changer de bus

玛丽：我是美国人。
Mǎlì: Wǒ shì Měiguórén.

大卫：到 天安门 还有 几 站？
Dàwèi: Dào Tiān'ānmén hái yǒu jǐ zhàn?

A：两 站。
Liǎng zhàn.

售票员：天安门到了，请下车。
Shòupiàoyuán: Tiān'ānmén dào le, qǐng xià chē.

2 （玛丽在天安门地铁站买票）

玛丽：我 买 一 张 地铁票。
Mǎlì: Wǒ mǎi yì zhāng dìtiěpiào.

售票员：去哪儿？
Shòupiàoyuán: Qù nǎr?

玛丽：北京大学。请问 要换车吗？
Mǎlì: Běijīng Dàxué. Qǐngwèn yào huàn chē ma?

售票员：要 换。
Shòupiàoyuán: Yào huàn.

玛丽：在 哪儿 换？
Mǎlì: Zài nǎr huàn?

售票员：在 西单。
Shòupiàoyuán: Zài Xīdān.

玛丽：换 几 号 线？
Mǎlì: Huàn jǐ hào xiàn?

售票员：4 号 线。
Shòupiàoyuán: Sì hào xiàn.

玛丽： 一 张 票 多少 钱？
Mǎlì: Yì zhāng piào duōshao qián?

售票员： 五 块。
Shòupiàoyuán: Wǔ kuài.

玛丽： 谢谢！
Mǎlì: Xièxie!

售票员： 不 谢。
Shòupiàoyuán: Bú xiè.

> **注释　Remarques**
>
> ① 去北京大学要换车吗？　Dois-je changer de bus pour aller à l'Université de Pékin?
>
> 　能愿动词"要"在这里表示事实上的需要。
> 　Le verbe modal «要» signifie ici la nécessité.
>
> ② 你们会说汉语？　Pouvez-vous parler chinois?
>
> 　句末用升调，表示疑问语气。
> 　L'intonation montante à la fin d'une phrase indique une interrogation.

三 替换与扩展　Substitutions et Extensions

1. 替换　Substitutions

（1）我没有卡。

钱	钱包
汉语书	笔

13 要换车　Vous avez besoin de changer de bus

（2）你们会说汉语？　▷◁　| 英语 | 俄语 | 法语 | 韩语 |

（3）A：你是哪国人？　▷◁　| 中国 | 美国 | 韩国 |
　　　B：我是法国人。　　　　| 英国 | 日本 | |

（4）买一张票。　▷◁　| 杯 | 可乐 | 张 | 地图 |
　　　　　　　　　　　| 本 | 书 | 个 | 本子 |

2. 扩展　Extensions

A：你们 会 说 汉语 吗？
　　Nǐmen huì shuō Hànyǔ ma?

B：他 会 说 一 点 儿，我 不 会。
　　Tā huì shuō yìdiǎnr, wǒ bú huì.

四　生词　Nouveaux mots

1.	路	lù	名	route
2.	到	dào	动	arriver
3.	卡	kǎ	名	carte
4.	会	huì	能愿/动	pouvoir
5.	说	shuō	动	parler
6.	一点儿	yìdiǎnr	数量	un peu

Besoins (3)　123

7.	站	zhàn	名	station
8.	地铁	dìtiě	名	métro
9.	换	huàn	动	changer
10.	号	hào	名	numéro
11.	线	xiàn	名	ligne
12.	刷	shuā	动	utiliser (carte)
13.	投币	tóu bì		déposer une pièce
14.	懂	dǒng	动	comprendre
15.	钱包	qiánbāo	名	portefeuille
16.	笔	bǐ	名	stylo
17.	俄语	Éyǔ	名	russe
18.	法语	fǎyǔ	名	français

专名 Noms propres

1.	北京大学	Běijīng Dàxué	Université de Pékin
2.	法国	Fǎguó	France
3.	西单	Xīdān	Xidan
4.	韩国	Hánguó	Corée du Sud
5.	英国	Yīngguó	Angleterre
6.	日本	Rìběn	Japon

13 要换车 Vous avez besoin de changer de bus

五 语法 Grammaire

1. 能愿动词"会" Verbe modal «会»

能愿动词"会"可以表示几种不同的意思。常用的如下：
Le verbe modal «会» a plusieurs sens. Parmi eux, le plus courant est:

通过学习掌握了某种技巧。例如：
Une compétence s'acquiert par l'apprentissage. Par exemple:

> ① 他会说汉语。　　　② 我不会做中国饭。

2. 数量词作定语 Quantificateur comme déterminatif

在现代汉语里，数词一般不能直接修饰名词，中间必须加上特定的量词。例如：
En chinois moderne, le numéral ne peut pas être mis directement devant le nom. En règle générale, il est nécessaire de mettre un mot de mesure entre le chiffre et le nom. Par exemple:

> 两张票　　　三个本子　　　五个学生

六 练习 Exercices

1. 熟读下列短语并造句 Lisez plusieurs fois les locutions suivantes et en faites des phrases

> 坐公交车　　换地铁　　吃（一）点儿　　说英语
> 刷手机　　　去西单

2. 用"在""往""去"完成句子 Complétez les phrases suivantes avec "在" "往" "去"

   (1) 大卫 _____ 学习汉语。

   (2) 我去王府井，不知道 _____ 坐车。

   (3) _____ 走，就是331路车站。

   (4) 请问，_____ 怎么走？

   (5) 我 _____，欢迎你来玩儿。

3. 完成对话 Complétez les conversations suivantes

   (1) A：你会说汉语吗？
       B：_____。（一点儿）

   (2) A：他会说英语吗？
       B：_____。（不会）

4. 根据句中的画线部分，把句子改成用疑问代词提出问题的问句
   En fonction des parties soulignées, changez les phrases en interrogations en utilisant des pronoms interrogatifs

   (1) 山下和子是<u>日本</u>留学生。 ➔ _____

   (2) 我有<u>三</u>个本子、<u>两</u>本书。 ➔ _____

   (3) <u>我</u>认识大卫的妹妹。 ➔ _____

   (4) 今天晚上我去<u>看电影</u>。 ➔ _____

   (5) 我在<u>天安门</u>坐车。 ➔ _____

   (6) 他爸爸的身体<u>好极了</u>。 ➔ _____

5. 听后复述　Écoutez et répétez

我认识一个中国朋友，他在北京大学学习。昨天我想去看他。我问刘京去北京大学怎么走。刘京说，北京大学离这儿很近，坐 375 路公交车可以到。我就去坐 375 路公交车。

375 路车站就在前边。车来了，我问售票员，去不去北京大学。售票员说去，我很高兴，就上车了。

6. 说一说　Discutez

你常常怎么出行？
Quel moyen de transport que vous utilisez souvent?

7. 语音练习　Exercices de phonétique

(1) 读下列词语：第二声＋轻声　　Lisez les mots suivants: deuxième ton + ton neutre

bié de	（别的）	pútao	（葡萄）
nán de	（男的）	lái le	（来了）
chuán shang	（船上）	júzi	（橘子）
máfan	（麻烦）	shénme	（什么）
tóufa	（头发）	liángkuai	（凉快）

(2) 常用音节练习　Exercices des syllabes courantes

liang	liángshuǎng （凉爽）
	liǎng ge （两个）
	yuèliang （月亮）

lao	dǎlāo （打捞）
	láodòng （劳动）
	lǎoshī （老师）

xūyào
需要（4）
Besoins (4)

14 我要去换钱
Je vais aller échanger de l'argent

一 句子 Phrases

085 钱 都 花 了。 J'ai dépensé tout mon argent.
Qián dōu huā le.

086 听说饭店里可以换钱。
Tīngshuō fàndiàn li kěyǐ huàn qián.
J'ai entendu dire qu'on peut échanger de l'argent dans un hôtel.

087 这儿能不能换钱？
Zhèr néng bu néng huàn qián?
Est-il possible d'échanger de l'argent ici ?

088 您带的什么钱？
Nín dài de shénme qián?
Quelle devise avez-vous ?

089 请您在这儿写一下儿钱数。
Qǐng nín zài zhèr xiě yíxiàr qián shù.
Veuillez écrire le montant ici s'il vous plaît.

090 请数一数。① Comptez, s'il vous plaît.
Qǐng shǔ yi shǔ.

091 时间不早了。 Il est déjà tard.
Shíjiān bù zǎo le.

092 我们快走吧！ Dépêchons-nous.
Wǒmen kuài zǒu ba!

Besoins (4) 129

二 会话 Conversations

1

玛丽：钱都花了，我没钱了。我要去换钱。
Mǎlì: Qián dōu huā le, wǒ méi qián le. Wǒ yào qù huàn qián.

大卫：听说饭店里可以换钱。
Dàwèi: Tīngshuō fàndiàn li kěyǐ huàn qián.

玛丽：我们去问问吧。
Mǎlì: Wǒmen qù wènwen ba.

2

玛丽：请问，这儿能不能换钱？
Mǎlì: Qǐngwèn, zhèr néng bu néng huàn qián?

营业员：能。您带的什么钱？
Yíngyèyuán: Néng. Nín dài de shénme qián?

玛丽：美元。
Mǎlì: Měiyuán.

营业员：换多少？
Yíngyèyuán: Huàn duōshao?

玛丽：五百美元。一美元换多少人民币？
Mǎlì: Wǔbǎi měiyuán. Yì měiyuán huàn duōshao rénmínbì?

营业员：六块四毛九。请您在这儿写一下儿钱
Yíngyèyuán: Liù kuài sì máo jiǔ. Qǐng nín zài zhèr xiě yíxiàr qián

14 我要去换钱   Je vais aller échanger de l'argent

数，在这儿签一下儿名字。
shù, zài zhèr qiān yíxiàr míngzi.

玛丽：这样写，对不对？
Mǎlì: Zhèyàng xiě, duì bu duì?

营业员：对。给您钱，请数一数。
Yíngyèyuán: Duì. Gěi nín qián, qǐng shǔ yi shǔ.

玛丽：谢谢！
Mǎlì: Xièxie!

大卫：时间不早了，我们快走吧！
Dàwèi: Shíjiān bù zǎo le, wǒmen kuài zǒu ba!

注释 Remarque

① 请数一数。 Comptez, s'il vous plaît.

"数一数"与"数数"意思相同。单音节动词重叠，中间可加"一"。例如：听一听、问一问。

《数一数》 et 《数数》 veulent dire la même chose. Lorsque vous redoublez un verbe monosyllabique, vous pouvez mettre le mot 《一》 entre les verbes. Par exemple: 听一听, 问一问。

三 替换与扩展 Substitutions et Extensions

1. 替换 Substitutions

（1）听说<u>饭店里可以换钱</u>。

他回国了
大卫会说汉语
小王会一点儿英语

Besoins (4)

（2）请您<u>写</u>一下儿<u>钱数</u>。

问	电话号码
念	生词
等	玛丽
签	名字

（3）<u>我们</u>快<u>走</u>吧！

你	来
你们	去
我们	吃
玛丽	写

2. 扩展 Extensions

（1）没 有 时 间 了，不 等 他 了。
　　Méiyǒu shíjiān le, bù děng tā le.

（2）这 是 他 的 书。请 你 给 他。
　　Zhè shì tā de shū. Qǐng nǐ gěi tā.

四　生词　Nouveaux mots

1.	花	huā	动	dépenser
2.	听说	tīngshuō	动	entendre dire
3.	饭店	fàndiàn	名	hôtel
4.	里	li	名	dans
5.	能	néng	能愿	pouvoir

14 我要去换钱 Je vais aller échanger de l'argent

6.	带	dài	动	prendre, apporter (avec soi)
7.	数	shù	名	chiffre
8.	数	shǔ	动	compter
9.	时间	shíjiān	名	temps
10.	快	kuài	形	vite
11.	营业员	yíngyèyuán	名	vendeur
12.	美元	měiyuán	名	dollar américain
13.	百	bǎi	数	cent
14.	人民币	rénmínbì	名	renminbi (monnaie officielle de la chine)
15.	签	qiān	动	signer
16.	这样	zhèyàng	代	comme cela
17.	电话	diànhuà	名	téléphone
18.	号码	hàomǎ	名	numéro
19.	念	niàn	动	lire
20.	等	děng	动	attendre

五 语法 Grammaire

1. 兼语句   Phrase séquentielle

谓语由两个动词短语组成，前一个动词的宾语同时又是后一个动词的主语，这种句子叫兼语句。兼语句的动词常常是带有使令意义的动词，如"请""让(ràng)""叫"等。例如：

La phase séquentielle est la phrase dont le prédicat contient deux locutions verbales.

Dans ce cas, le complément d'objet du premier verbe sert de sujet au second verbe. Dans une telle phrase, le premier verbe est généralement un verbe factitif tel que《请》《让》《叫》etc.

> ① 请您签一下儿名字。　　② 请他吃饭。

2. 语气助词"了"（2）　　Particule modale《了》(2)

（1）有时"了"表示某件事或某种情况已经发生。试比较下面两组对话：

Parfois《了》indique qu'un événement ou un état a déjà eu lieu. Comparez les dialogues suivants:

> ① A：你去哪儿？　　　　② A：你去哪儿了？
> 　 B：我去商店。　　　　　 B：我去商店了。
> 　 A：你买什么？　　　　　 A：你买什么了？
> 　 B：我买苹果。　　　　　 B：我买苹果了。

第①组对话没用"了"，表示"去商店""买苹果"这两件事尚未发生；第②组用"了"，表示这两件事已经发生了。

Dans le premier dialogue sans《了》, les actions《去商店》《买苹果》n'ont pas encore été faites. Dans le deuxième dialogue, le suffixe《了》indique que l'action a déjà été effectuée.

（2）带语气助词"了"的句子，其否定形式是在动词前加副词"没（有）"，去掉句尾的"了"。反复问句是在句尾加上"……了没有"，或者并列动词的肯定形式和否定形式"……没……"。例如：

La forme négative de la phrase avec《了》est formée en ajoutant l'adverbe《没（有）》avant le verbe et en supprimant《了》à la fin de la phrase. La forme d'une question affirmative-négative est formée en ajoutant《……了没有》à la fin d'une phrase ou en plaçant une forme affirmative à côté d'une forme négative (《……没……》). Par exemple:

> ③ 他没去商店。　　　　④ 我没买苹果。
> ⑤ 你吃饭了没有？　　　⑥ 你吃没吃饭？

14 我要去换钱 Je vais aller échanger de l'argent

六 练习 Exercices

1. 用"要""想""能""会""可以"和括号中的词语完成句子 Complétez les phrases suivantes avec «要»«想»«能»«会»«可以» et les mots entre parenthèses

（1）明天我有课，_____。（玩儿）

（2）听说那个电影很好，_____。（看）

（3）你_____吗？（说）

（4）这个本子不太好，_____？（换）

（5）现在我_____，请你明天再来吧。（上课）

2. 用"再""可以""会""想"填空 Complétez les trous avec les mots «再»«可以»«会»«想»

这个汉字我不_____写。张老师说，我_____去问他。我_____现在去。大卫说，张老师很忙，现在不要去，下午_____去吧。

3. 改正下面的错句 Corrigez les phrases suivantes

（1）昨天我没给你发微信了。➡ _____

（2）他常常去食堂吃饭了。➡ _____

（3）昨天的生词很多了。➡ _____

（4）昨天我不去商店，明天我去商店了。➡ _____

4. 完成对话 Complétez les conversations suivantes

（1）A：_____？

　　B：我去朋友家了。

　　A：_____？

　　B：现在我回学校。

Besoins (4)　135

（2）A：_____，好吗？

B：好。你等一下儿，我去换件衣服。

A：_____。

B：这件衣服_____？

A：很好，我们走吧。

5. 听后复述　Écoutez et répétez

和子想换钱。她听说学校的银行能换，就去了。营业员问她带的什么钱，要换多少，还说要写一下儿钱数和名字。和子都写了。换钱的时候，和子对营业员说："对不起，我忘（wàng, oublier）带钱了。"

6. 语音练习　Exercices de phonétique

(1) 读下列词语：第三声 + 第一声　Lisez les mots suivants: troisième ton + premier ton

Běijīng	（北京）	shǒudū	（首都）
hǎochī	（好吃）	měi tiān	（每天）
lǎoshī	（老师）	kǎoyā	（烤鸭）
qǐfēi	（起飞）	jiǎndān	（简单）
hěn gāo	（很高）	huǒchē	（火车）

(2) 常用音节练习　Exercices des syllabes courantes

xūyào
需要（5）
Besoins (5)

15 我要照张相
Je veux prendre une photo

一 句子 Phrases

093 这 是 新 到 的 鲜花儿。
Zhè shì xīn dào de xiānhuār.
Ce sont des fleurs fraîches qui viennent d'arriver.

094 还 有 好看 的 吗？
Hái yǒu hǎokàn de ma?
Avez-vous d'autres belles fleurs?

095 这 几 种 怎么样？① Que penses-tu de ces genres?
Zhè jǐ zhǒng zěnmeyàng?

096 请 你 帮 我 挑 几 种。
Qǐng nǐ bāng wǒ tiāo jǐ zhǒng.
Aide-moi à en choisir quelques-uns, s'il te plaît.

097 那 就 买 这 几 种 吧。 Je vais prendre ces fleurs-là.
Nà jiù mǎi zhè jǐ zhǒng ba.

098 手机 没 电 了。 Mon téléphone portable est éteint.
Shǒujī méi diàn le.

099 你 打 通 电话 了 吗？ Tu l'as eu(e) au téléphone?
Nǐ dǎtōng diànhuà le ma?

100 她 关 机 了。 Son téléphone est éteint.
Tā guān jī le.

二 会话 Conversations

1（在花店）

和子：请问 有 鲜花儿 吗？
Hézǐ: Qǐngwèn yǒu xiānhuār ma?

营业员：有，这是新到的。
Yíngyèyuán: Yǒu, zhè shì xīn dào de.

和子：还有好看的吗？
Hézǐ: Hái yǒu hǎokàn de ma?

营业员：你看看，这几种怎么样？
Yíngyèyuán: Nǐ kànkan, zhè jǐ zhǒng zěnmeyàng?

和子：请你帮我挑几种。
Hézǐ: Qǐng nǐ bāng wǒ tiāo jǐ zhǒng.

营业员：我看这四种花儿都很好看。
Yíngyèyuán: Wǒ kàn zhè sì zhǒng huār dōu hěn hǎokàn.

和子：那就买这几种吧。
Hézǐ: Nà jiù mǎi zhè jǐ zhǒng ba.

营业员：还买别的吗？
Yíngyèyuán: Hái mǎi bié de ma?

和子：不买了。
Hézǐ: Bù mǎi le.

2

和子：这个公园真不错。
Hézǐ: Zhège gōngyuán zhēn búcuò.

15 我要照张相　　Je veux prendre une photo

张丽英：这里 的 风景 太 美 了，我 要 照
Zhāng Lìyīng：Zhèli de fēngjǐng tài měi le, wǒ yào zhào

张 相。
zhāng xiàng.

和子：给 玛丽 打 个 电话，叫
Hézǐ：Gěi Mǎlì dǎ ge diànhuà, jiào

她 也 来 吧。
tā yě lái ba.

张丽英：哎呀，我 的 手机 没 电 了。
Zhāng Lìyīng：Āiyā, wǒ de shǒujī méi diàn le.

和子：我 打 吧。
Hézǐ：Wǒ dǎ ba.

张丽英：好。我 去 买 点儿 饮料。
Zhāng Lìyīng：Hǎo. Wǒ qù mǎi diǎnr yǐnliào.

……

张丽英：你 打 通 电话 了 吗？
Zhāng Lìyīng：Nǐ dǎtōng diànhuà le ma?

和子：没 打 通，她 关 机 了。
Hézǐ：Méi dǎtōng, tā guān jī le.

> **注释　Remarque**
>
> ❶ 这几种怎么样？　Que penses-tu de ces genres?
>
> 　　这里的"几"不是提问，而是表示概数——10以下的不确定的数目。例如：我有十几本书，教室里有几十个学生。
> 　　«几» désigne ici un nombre approximatif, au lieu de poser une question. Il s'agit généralement d'un nombre inférieur à dix. Par exemple: 我有十几本书，教室里有几十个学生。

三 替换与扩展 Substitutions et Extensions

1. 替换 Substitutions

（1）这是新<u>到</u>的<u>鲜花儿</u>。

| 买 | 照相机 | 买 | 电脑 |
| 做 | 衣服 | 来 | 老师 |

（2）请你帮我<u>挑 几种</u><u>好看的花儿</u>。

交	几元	电话费
找	几本	书
试	几件	毛衣
拿	几个	东西

（3）你<u>打 通 电话</u>了吗？

吃	完	饭
看	完	那本书
找	到	玛丽
买	到	电脑

2. 扩展 Extensions

（1）我给他发电子邮件。
　　Wǒ gěi tā fā diànzǐ yóujiàn.

（2）我给东京的朋友打电话。我说汉语，
　　Wǒ gěi Dōngjīng de péngyou dǎ diànhuà. Wǒ shuō Hànyǔ,
　　他不懂；说英语，他听懂了。
　　tā bù dǒng; shuō Yīngyǔ, tā tīngdǒng le.

四 生词 Nouveaux mots

1.	新	xīn	形	nouveau
2.	到	dào	动	arriver
3.	鲜花儿	xiānhuār	名	fleur fraîchement coupée
4.	好看	hǎokàn	形	beau
5.	帮	bāng	动	aider
6.	挑	tiāo	动	choisir, trier
7.	电	diàn	名	électricité
8.	打	dǎ	动	appeler
9.	通	tōng	动	passer
10.	关机	guān jī		éteindre un téléphone portable
11.	真	zhēn	副 / 形	vraiment; vrai
12.	不错	búcuò	形	pas mal
13.	风景	fēngjǐng	名	paysage
14.	照相	zhào xiàng		pendre des photos
	照	zhào	动	prendre (photo)
15.	哎呀	āiyā	叹	oh là
16.	照相机	zhàoxiàngjī	名	caméra
17.	交	jiāo	动	payer
18.	费	fèi	名 / 动	frais; dépenser
19.	拿	ná	动	prendre
20.	完	wán	动	terminer, finir

专名　Nom propre

| 东京 | Dōngjīng | Tokyo |

五　语法　Grammaire

1. "是"字句（2）　Phrase avec «是» (2)

　　名词、代词、形容词等后面加助词"的"组成"的"字结构，它具有名词的性质和作用，可独立使用。这种"的"字结构常出现在"是"字句里。例如：

　　Le nom, le pronom, l'adjectif, etc., suivi du mot auxiliaire «的» constituent la structure du mot «的», qui a la nature et la fonction du nom et peut être utilisée indépendamment. Cette structure de mot «的» apparaît souvent dans la phrase «是». Par exemple:

> ① 这个本子是我的。　　② 那本书是新的。
> ③ 这件毛衣不是玛丽的。

2. 结果补语　Complément de conséquence

　　（1）说明动作结果的补语叫结果补语。结果补语常由动词或形容词充任。例如：打通、写对。

　　Le complément qui explique le résultat de l'action est appelé complément de conséquence. Les compléments de conséquence sont souvent assurés par des verbes ou des adjectifs. Par exemple: 打通, 写对.

　　（2）动词"到"作结果补语，表示人或运行的器物通过动作到达某个地点或动作持续到某个时间，也可以表示动作进行到某种程度。例如：

　　Le verbe «到» en tant que de conséquence indique qu'une personne ou une chose est arrivée à un certain lieu grâce à une action ou que l'action a duré un certain moment. «到»

peut également indiquer que l'action a atteint un certain niveau. Par exemple:

① 他回到北京了。　　② 我们学到第十五课了。
③ 她昨天晚上工作到十点。

（3）带结果补语的句子的否定式是在动词前加"没（有）"。例如：
La négation d'une phrase avec un complément de conséquence est formée en ajoutant «没（有）» avant le verbe. Par exemple:

④ 我没买到那本书。　　⑤ 大卫没找到玛丽。

3. 介词"给"　Préposition «给»

介词"给"可以用来引出动作、行为的接受对象。例如：
La préposition «给» peut être utilisée pour introduire un objet qui accepte une action ou un geste. Par exemple:

① 昨天我给你打电话了。　② 他给我做衣服。

六 练习　Exercices

1. 熟读下列短语，每组选择一个造句　Lisez attentivement les locutions suivantes et sélectionnez une locution par groupe pour faire des phrases

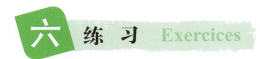

2. 仿照例句改写句子（用上适当的量词） Réécrivez les phrases en suivant l'exemple (Utilisez les mots de mesure appropriés)

例 Exemple 这是一件新毛衣。➡ 这件毛衣是新的。

（1）这是妹妹的电脑。➡ _____

（2）那是一本新书。➡ _____

（3）这是大卫的照相机。➡ _____

（4）这是一个日本电影。➡ _____

3. 选择适当的词语完成句子 Choisissez les mots appropriés pour compléter les phrases

真　　　交　　　完　　　通

（1）我的钱_____，我要去换钱。

（2）这个月的手机费你_____吗？

（3）我给玛丽打电话，没_____，明天再打。

（4）这种_____，我也想买。

4. 完成对话 Complétez les conversations suivantes

（1）A：你找什么？

　　B：_____。

　　A：你的书是新的吗？

　　B：_____。

（2）A：_____？

　　B：我没有。你有法语书吗？

　　A：有。

　　B：_____？

　　A：对，是新买的。

（3）A：这个照相机是谁的？

　　　B：＿＿＿＿＿＿＿＿＿＿＿＿＿＿＿＿＿。

　　　A：＿＿＿＿＿＿＿＿＿＿＿＿＿＿＿＿＿？

　　　B：对。你看，很新。

5. 听后复述　Écoutez et répétez

这个照相机是大卫新买的。昨天北京大学的两个中国学生来玩儿，我们一起照相了。北京大学的朋友说，星期天请我们去玩儿。他们在北大东门（dōngmén, porte de l'est）等我们。我们去的时候，先（xiān, d'abord）给他们打电话。

6. 语音练习　Exercices de phonétique

（1）读下列词语：第三声 + 第二声　Lisez les mots suivants: troisième ton + deuxième ton

yǔyán	（语言）	yǐqián	（以前）
yǒumíng	（有名）	qǐ chuáng	（起床）
lǚxíng	（旅行）	Měiguó	（美国）
hěn cháng	（很长）	jǔxíng	（举行）
jiǎnchá	（检查）	zǎochá	（早茶）

（2）常用音节练习　Exercices des syllabes courantes

复习（三）
Révisions (Ⅲ)

一　会 话　Conversations

1

〔小李听见有人敲门（qiāo mén, frapper à la porte），去开门（kāi mén, ouvrir la porte）〕

李：谁啊？

王：小李，你好！

卫：我们来看你了。

李：是你们啊！快请进！……请坐，请喝茶（chá, thé）。

王、卫：谢谢！

李：你们怎么找到这儿的？

王：小马带我们来的。

卫：小马的奶奶家离这儿很近。他去奶奶家，我们就和他一起来了。

李：你们走累了吧？

王：不累。我们下车以后（yǐhòu, après）很快就找到了这个楼。

卫：你家离你工作的地方很远吧？

李：不远，坐18路车就可以到那儿。你们学习忙吧？

王：很忙，每天（měi tiān, tous les jours）都有课，作业（zuòyè, devoir à la maison）也很多。

卫：今天怎么你一个人在家？你爸爸妈妈呢？

李：我爸爸妈妈的一个朋友要去美国，今天他们去看那个朋友了。

王：啊（à, ah），十一点半了，我们去饭店吃饭吧。

李：到饭店去吃饭要等很长时间，也很贵，就在我家吃吧。我还要请你们尝尝我的拿手（náshǒu, spécialité）菜呢！

王、卫：太麻烦（máfan, déranger）你了！

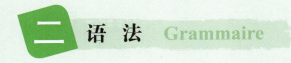

能愿动词小结　　Résumé des verbes modaux

1. 想

表示主观上的意愿，侧重"打算、希望"。例如：

Exprimant une volonté subjective, en mettant l'accent sur « l'intention, l'espoir ». Par exemple:

> A：你想去商店吗？
>
> B：我不想去商店，我想在家看电视。

2. 要

（1）表示主观意志上的要求。否定式是"不想"。例如：
Représentant le désir d'une personne. Sa négation est «不想». Par exemple:

> ① 我要买件毛衣。
> ② A：你要看这本书吗？
>   B：我不想看，我要看那本杂志。

（2）表示客观事实上的需要。否定式常用"不用"。例如：
Indiquant un besoin réel. Sa négation est «不用». Par exemple:

> ③ A：要换车吗？
>   B：要换车（不用换车）。

3. 会

（1）表示通过学习掌握一种技能。例如：
Indiquant la maîtrise d'une compétence par l'apprentissage. Par exemple:

> ① 他会说汉语。　　　② 我不会做菜。

（2）表示可能性。例如：
Indiquant une possibilité. Par exemple:

> ③ A：现在十点了，他不会来了吧？
>   B：别着急（bié zháo jí, Ne t'inquiète pas），他会来的。

4. 能

（1）表示具有某种能力。例如：
Indiquant une certaine capacité. Par exemple:

> ① 大卫能用汉语聊天儿。

（2）也可表示客观上的允许。例如：
Cela peut également signifier une autorisation objective. Par exemple:

② A：你明天上午能来吗？
　B：不能来，明天我有事。

5. 可以

表示客观或情理上许可。例如：
Indiquant une permission objective ou rationnelle. Par exemple:

① A：我们可以走了吗？
　B：可以。
② A：我们可以在这儿玩儿吗？
　B：不行（xíng, d'accord），这儿要上课。

三 练习 Exercices

1. 用动词"给"和下面的词语造双宾语句　Utilisez le verbe «给» et les mots ci-dessous pour former des phrases avec deux compléments d'objet.

本子　　词典　　钱　　鲜花儿　　苹果

2. 回答问题　Répondez aux questions suivantes

（1）这本书生词多吗？
（2）你的词典是新的吗？那本书是谁的？
（3）你会说汉语吗？你会不会写汉字？

3. 用下面的句子练习会话 Faites des dialogues en utilisant les phrases suivantes

(1) 买东西 Acheter quelque chose

> 你要买什么？ 请问，有……吗？
> 要多少？ 一斤多少钱？
> 还要别的吗？ 多少钱一斤？
> 请先交钱。 在这儿交钱吗？
> 你怎么付？ 在哪儿交钱？
> 请数一数。 给你钱。

(2) 坐车/地铁 Prendre le bus/le métro

> 这路车到……吗？ 我去……。
> 到……还有几站？ 买……张票。
> 一张票多少钱？ 在……上的。
> 在哪儿换车？ 在……下车。
> 换几路车？

(3) 换钱 Change de devises

> 这儿能换钱吗？ 你带的什么钱？
> ……能换多少人民币？ 换多少？
> 请写一下儿钱数和名字。

4. 语音练习 Exercices de phonétique

(1) 声调练习：第四声+第三声 Exercices des tons: quatrième ton + troisième ton

   Hànyǔ （汉语）

   huì jiǎng Hànyǔ （会讲汉语）

   Dàwèi huì jiǎng Hànyǔ. （大卫会讲汉语。）

（2）朗读会话　Lisez le dialogue

A: Nǐ lěng ma?　　　　B: Yǒudiǎnr lěng.

A: Gěi nǐ zhè jiàn máoyī.　　B: Wǒ shìshi.

A: Bú dà yě bù xiǎo.　　B: Shì a. Xièxie!

四　阅读短文　Lisez le texte

　　我跟大卫说好（shuōhǎo, se mettre d'accord）星期天一起去买衣服。

　　星期天，我很早就起床了。我家离商场（shāngchǎng, centre commercial）不太远，我九点半坐车去，十点就到了。买东西的人很多。我在商场前边等大卫。等到十点半，大卫还没有来，我就先进去了。

　　那个商场很大，东西也很多。我想买毛衣，售货员说在二层，我就上楼了。

　　这儿的毛衣很好看，也很贵。有一件毛衣我穿不长也不短。我去交钱的时候，大卫来了。他说："坐车的人太多了，我来晚了，真对不起［duìbuqǐ, désolé(-e)］。"我说："没关系。"我们就一起去看别的衣服了。

xiāngyuē
相约（1）
Prendre
rendez-vous (1)

16 你看过京剧吗

As-tu déjà regardé l'Opéra de Pékin?

一 句 子 Phrases

101 你 看 过 京 剧 吗？ As-tu déjà regardé l'Opéra de Pékin?
Nǐ kànguo jīngjù ma?

102 我 没 看 过 京 剧。
Wǒ méi kànguo jīngjù.
Je n'ai pas encore regardé l'Opéra de Pékin.

103 你 知 道 哪 儿 演 京 剧 吗？
Nǐ zhīdao nǎr yǎn jīngjù ma?
Sais-tu où se déroule l'Opéra de Pékin?

104 你 买 到 票 以 后 告 诉 我。
Nǐ mǎidào piào yǐhòu gàosu wǒ.
Préviens - moi quand tu auras les billets.

105 我 还 没 吃 过 北 京 烤 鸭 呢！
Wǒ hái méi chīguo Běijīng kǎoyā ne!
Je n'ai pas encore mangé de canard laqué de Pékin!

106 我 们 应 该 去 尝 一 尝。
Wǒmen yīnggāi qù cháng yi cháng.
On devrait essayer.

107 不 行。 Je ne peux pas.
Bù xíng.

16 你看过京剧吗 As-tu déjà regardé l'Opéra de Pékin?

108 | 有 朋 友 来 看 我。
Yǒu péngyou lái kàn wǒ.
Un de mes amis viendra me voir.

二 会话 Conversations

1

玛丽: 你 看 过 京 剧 吗?
Mǎlì: Nǐ kànguo jīngjù ma?

大卫: 没 看 过。
Dàwèi: Méi kànguo.

玛丽: 听 说 很 有 意 思。
Mǎlì: Tīngshuō hěn yǒu yìsi.

大卫: 我 很 想 看,你 呢?
Dàwèi: Wǒ hěn xiǎng kàn, nǐ ne?

玛丽: 我 也 很 想 看。你 知 道 哪儿 演 吗?
Mǎlì: Wǒ yě hěn xiǎng kàn. Nǐ zhīdao nǎr yǎn ma?

大卫: 人 民 剧 场 常 演。
Dàwèi: Rénmín Jùchǎng cháng yǎn.

玛丽: 那 我们 星期六 去 看,好不好?
Mǎlì: Nà wǒmen xīngqīliù qù kàn, hǎo bu hǎo?

大卫: 当然 好。今 天 我 在 网上 买 票。
Dàwèi: Dāngrán hǎo. Jīntiān wǒ zài wǎngshang mǎi piào.

玛丽: 买 到 票 以后 告诉 我。
Mǎlì: Mǎidào piào yǐhòu gàosu wǒ.

大卫: 好。
Dàwèi: Hǎo.

Prendre rendez-vous (1)

2

和子：听说烤鸭是北京的名菜。
Hézǐ: Tīngshuō kǎoyā shì Běijīng de míng cài.

玛丽：我还没吃过呢！
Mǎlì: Wǒ hái méi chīguo ne!

和子：我们应该去尝一尝。
Hézǐ: Wǒmen yīnggāi qù cháng yi cháng.

玛丽：二十八号晚上我没事，你呢？
Mǎlì: Èrshíbā hào wǎnshang wǒ méi shì, nǐ ne?

和子：不行，有朋友来看我。
Hézǐ: Bù xíng, yǒu péngyou lái kàn wǒ.

玛丽：三十号晚上怎么样？
Mǎlì: Sānshí hào wǎnshang zěnmeyàng?

和子：可以。
Hézǐ: Kěyǐ.

三 替换与扩展 Substitutions et Extensions

1. 替换 Substitutions

（1）你<u>看</u>过<u>京剧</u>吗？

去	长城	喝	这种酒
喝	那种茶	去	那个公园
吃	那种菜	问	价钱

16 你看过京剧吗   As-tu déjà regardé l'Opéra de Pékin?

（2）我们应该去<u>尝一尝</u><u>烤鸭</u>。

| 看 | 京剧 | 问 | 老师 |
| 听 | 音乐 | 找 | 他们 |

（3）<u>买</u>到<u>票</u>以后告诉我。

| 收 | 快递 | 买 | 词典 |
| 见 | 玛丽 | 买 | 京剧票 |

2. 扩展　Extensions

（1）玛丽，快来，有人找你。
　　　Mǎlì, kuài lái, yǒu rén zhǎo nǐ.

（2）A：你看杂技吗？
　　　　Nǐ kàn zájì ma?

　　　B：不看。昨天的练习我还没做呢。
　　　　Bú kàn. Zuótiān de liànxí wǒ hái méi zuò ne.

四　生词　Nouveaux mots

1.	过	guo	助	*utilisé après un verbe pour indiquer que l'action est terminée*
2.	京剧	jīngjù	名	opéra de pékin
3.	演	yǎn	动	se jouer
4.	以后	yǐhòu	名	après
5.	告诉	gàosu	动	dire
6.	烤鸭	kǎoyā	名	canard laqué
7.	应该	yīnggāi	能愿	devoir

Prendre rendez-vous (1)

8.	行	xíng	动/形	d'accord
9.	有意思	yǒu yìsi		intéressant
10.	当然	dāngrán	副	bien sûr
11.	名菜	míng cài		plats célèbres
12.	事	shì	名	événement
13.	酒	jiǔ	名	alcool
14.	茶	chá	名	thé
15.	菜	cài	名	plat
16.	价钱	jiàqian	名	prix
17.	收	shōu	动	recevoir
18.	快递	kuàidì	名	exprès
19.	词典	cídiǎn	名	dictionnaire
20.	杂技	zájì	名	acrobatie
21.	练习	liànxí	名/动	exercices; faire des exercices

专名 Nom propre

| 人民剧场 | Rénmín Jùchǎng | Théâtre populaire |

五 语法 Grammaire

1. 动态助词"过" La particule d'aspect «过»

（1）动态助词"过"用在动词后，说明某种动作曾在过去发生。常用来强调有过这种经历。例如：

16 你看过京剧吗 As-tu déjà regardé l'Opéra de Pékin?

La particule d'aspect «过» est utilisée après le verbe pour indiquer qu'une action s'est produite dans le passé. Elle est souvent utilisée pour souligner l'expérience. Par exemple:

① 我去过长城。　　　② 我学过汉语。
③ 我没吃过烤鸭。

（2）它的反复问句形式是"……过……没有"。例如：
Sa forme interrogative affirmative-négative est «……过……没有». Par exemple:

④ 你去过那个咖啡馆没有？　　⑤ 你看过那个电影没有？

（3）连动句里要表示过去的经历时，"过"一般放在第二个动词之后。例如：
Lorsqu'il s'agit de décrire une expérience passée dans une phrase à verbes successifs, le mot « 过 » est généralement placé après le deuxième verbe. Par exemple:

⑥ 我去那个饭店吃过饭。

2. 无主句　Phrase sans sujet

绝大部分句子都由主语、谓语两部分组成。也有一些句子只有谓语没有主语，这种句子叫无主句。例如：

La plupart des phrases sont composées de sujets et de prédicats. Il y a aussi des phrases qui n'ont que des prédicats sans sujet. Par exemple:

① 有人找你。　　　② 有人请你看电影。

3. "还没（有）……呢"　«还没(有)……呢»

表示一个动作现在还未发生或尚未完成。例如：
Cette structure est utilisée pour indiquer qu'une action n'a pas encore eu lieu ou n'est pas terminée. Par exemple:

① 他还没（有）来呢。　　② 这件事我还不知道呢。
③ 我还没吃过烤鸭呢。

六 练习 Exercices

1. 用"了"或"过"完成句子 Complétez les phrases avec «了» ou «过»

(1) 听说中国的杂技很有意思，我还 _____。

(2) 昨天我 _____。这个电影很好。

(3) 他不在，他去 _____。

(4) 你看 _____ 吗？听说很好。

(5) 你 _____？这种酒不太好喝。

2. 用"了"或"过"回答问题 Répondez aux questions avec «了» ou «过»

(1) 你来过中国吗？来中国以后，你去过什么地方？

(2) 来中国以后，你给家里打过电话吗？

(3) 昨天晚上你做什么了？看电视了吗？

(4) 你常听录音吗？昨天听录音了没有？

3. 判断正误 Vrai ou faux

(1) 我没找到那个本子。（　）　(2) 你看过没有京剧？（　）
　　我没找到那个本子了。（　）　　　你看过京剧没有？（　）

(3) 玛丽不去过那个书店。（　）　(4) 我还没吃过午饭呢。（　）
　　玛丽没去过那个书店。（　）　　　我还没吃午饭呢。（　）

4. 把下列句子改成否定句 Écrivez la forme négative des phrases suivantes

(1) 我找到那个本子了。➡ _____

（2）我看过京剧。→ _____

（3）他学过这个汉字。→ _____

（4）我吃过这种菜。→ _____

（5）玛丽去过那个书店。→ _____

5. 听后复述　Écoutez et répétez

以前（yǐqián, avant）我没看过中国的杂技，昨天晚上我看了。中国杂技很有意思，以后我还想看。

我也没吃过中国菜。小王说他会做中国菜，星期六请我吃。

6. 语音练习　Exercices de phonétique

(1) 读下列词语：第三声 + 第三声　Lisez les mots suivants: troisième ton + troisième ton

yǒuhǎo	（友好）	wǎn diǎn	（晚点）
yǔfǎ	（语法）	liǎojiě	（了解）
zhǎnlǎn	（展览）	hěn duǎn	（很短）
hǎishuǐ	（海水）	gǔdiǎn	（古典）
guǎngchǎng	（广场）	yǒngyuǎn	（永远）

(2) 常用音节练习　Exercices des syllabes courantes

xiāngyuē
相约（2）
Prendre rendez-vous (2)

17 去动物园
Allez au zoo

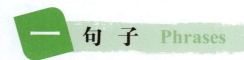 **句 子** Phrases

109 这 两 天 天 气 很 好。①
Zhè liǎng tiān tiānqì hěn hǎo.
Il fait beau ces jours-ci.

110 我 们 出 去 玩 儿 玩 儿 吧。
Wǒmen chūqu wánr wánr ba.
Allons faire une excursion.

111 去 哪 儿 玩 儿 好 呢？ Où allons - nous sortir?
Qù nǎr wánr hǎo ne?

112 去 北 海 公 园，看 看 花 儿，划 划 船。
Qù Běihǎi Gōngyuán, kànkan huār, huáhua chuán.
Allons au Parc Beihai pour voir les fleurs et faire du bateau.

113 骑 自 行 车 去 吧。 Allons-y en vélo.
Qí zìxíngchē qù ba.

114 今 天 天 气 多 好 啊！ Quel beau temps il fait aujourd'hui!
Jīntiān tiānqì duō hǎo a!

115 他 上 午 到 还 是 下 午 到？
Tā shàngwǔ dào háishi xiàwǔ dào?
Il arrivera ce matin ou cet après-midi?

116 我 跟 你 一 起 去。 Je viens avec toi.
Wǒ gēn nǐ yìqǐ qù.

17 去动物园 *Allez au zoo*

二 会 话 Conversations

1

张丽英: 这 两 天 天气 很 好， 我们 出去 玩儿
Zhāng Lìyīng: Zhè liǎng tiān tiānqì hěn hǎo, wǒmen chūqu wánr

玩儿 吧。
wánr ba.

和子: 去 哪儿 玩儿 好 呢？
Hézǐ: Qù nǎr wánr hǎo ne?

张丽英: 去 北海 公园， 看看 花儿， 划划 船，
Zhāng Lìyīng: Qù Běihǎi Gōngyuán, kànkan huār, huáhua chuán,

多 好 啊！
duō hǎo a!

和子: 上 星期 我 去过 了， 去 别 的 地方 吧。
Hézǐ: Shàng xīngqī wǒ qùguo le, qù bié de dìfang ba.

张丽英: 去 动 物 园 怎 么 样？
Zhāng Lìyīng: Qù dòngwùyuán zěnmeyàng?

和子: 行， 还 可 以 看看
Hézǐ: Xíng, hái kěyǐ kànkan

大 熊猫 呢。
dàxióngmāo ne.

张丽英: 我 们 怎 么 去？
Zhāng Lìyīng: Wǒmen zěnme qù?

和子: 骑 自行车 去 吧。
Hézǐ: Qí zìxíngchē qù ba.

2

和子：你认识李成日吗？
Hézǐ: Nǐ rènshi Lǐ Chéngrì ma?

刘京：当然认识。去年他在这儿学过汉语。
Liú Jīng: Dāngrán rènshi. Qùnián tā zài zhèr xuéguo Hànyǔ.

和子：你知道吗？明天他来北京。
Hézǐ: Nǐ zhīdao ma? Míngtiān tā lái Běijīng.

刘京：不知道。他上午到还是下午到？
Liú Jīng: Bù zhīdao. Tā shàngwǔ dào háishi xiàwǔ dào?

和子：下午两点，我去机场接他。
Hézǐ: Xiàwǔ liǎng diǎn, wǒ qù jīchǎng jiē tā.

刘京：明天下午没有课，我跟你一起去。
Liú Jīng: Míngtiān xiàwǔ méiyǒu kè, wǒ gēn nǐ yìqǐ qù.

和子：好的。
Hézǐ: Hǎo de.

刘京：什么时候去？
Liú Jīng: Shénme shíhou qù?

和子：一点吧。
Hézǐ: Yī diǎn ba.

注释　Remarque

❶ 这两天天气很好。　Il fait beau ces jours-ci.

"这两天"是表示"最近"的意思。"两"在这里表示概数。
«这两天» signifie «最近». «两» représente ici une estimation.

三 替换与扩展 Substitutions et Extensions

1. 替换 Substitutions

(1) 这两天天气很好。

我没事	他很忙
小王身体不好	
他们有考试	
坐地铁的人很多	

(2) 看看花儿，划划船，多好啊！

有意思　高兴

(3) 他上午到还是下午到？

今天	明天
下星期	这个星期
早上八点	晚上八点

2. 扩展 Extensions

(1) A：玛丽在哪儿？
　　　Mǎlì zài nǎr?

　　B：在楼上，你上去找她吧。
　　　Zài lóu shang, nǐ shàngqu zhǎo tā ba.

(2) A：去动物园哪条路近？
　　　Qù dòngwùyuán nǎ tiáo lù jìn?

　　B：这条路最近。
　　　Zhè tiáo lù zuì jìn.

四 生词 Nouveaux mots

1.	天气	tiānqì	名	temps
2.	出去	chūqu		sortir
3.	划	huá	动	ramer
4.	船	chuán	名	bateau
5.	骑	qí	动	pédaler
6.	自行车	zìxíngchē	名	vélo, bicyclette
7.	啊	a	助	*particule modale*
8.	还是	háishi	连	ou
9.	跟	gēn	介	avec, et
10.	上	shàng	名	dernier, sur
11.	动物园	dòngwùyuán	名	zoo
12.	大熊猫	dàxióngmāo	名	panda
13.	去年	qùnián	名	l'année dernière
14.	学	xué	动	étudier
15.	机场	jīchǎng	名	aéroport
16.	接	jiē	动	chercher
17.	考试	kǎo shì		examen
18.	下	xià	名	après ; sous
19.	条	tiáo	量	*mot de mesure pour les choses longues et minces*
20.	最	zuì	副	le plus

五 语法 Grammaire

1. 选择疑问句　Question alternative

用连词"还是"连接两种可能的答案，由回答的人选择其一，这种疑问句叫选择疑问句。例如：

La question alternative se compose de la conjonction «还是» suggérant deux possibilités d'affirmation dont l'une est choisie dans la réponse. Par exemple:

① 你上午去还是下午去？　　② 你喝咖啡还是喝茶？
③ 你一个人去还是跟朋友一起去？

2. 表示动作方式的连动句　Phrases à verbes successifs indiquant la manière d'une action

这种连动句中前一个动词或动词短语表示动作的方式。例如：

Dans la phrase à verbes successifs indiquant la manière d'une action, c'est le premier verbe qui exprime la manière de l'action. Par exemple:

坐车去机场　　　　骑自行车去

3. 趋向补语（1）　Complément directionnel (1)

一些动词后边常用"来""去"作补语，表示动作的趋向，这种补语叫趋向补语。动作如果向着说话人就用"来"，与之相反的就用"去"。例如：

Placé après certains verbes, «来» ou «去» s'emploie souvent comme complément pour indiquer la direction de l'action. Ce complément est appelé complément directionnel. Si l'action est dirigée vers le locuteur, utilisez «来» et dans le cas contraire, utilisez «去». Par exemple:

① 上课了，快进来吧。（说话人在里边）
② 他不在家，出去了。（说话人在家里）
③ 玛丽，快下来！（说话人在楼下，玛丽在楼上）

六 练习 Exercices

1. 给下面的词配上适当的宾语并造句　Ajoutez des compléments d'objets appropriés aux mots suivants et faites des phrases

坐＿＿＿＿　　划＿＿＿＿　　骑＿＿＿＿　　演＿＿＿＿

拿＿＿＿＿　　换＿＿＿＿　　穿＿＿＿＿　　打＿＿＿＿

2. 看图说话（用上趋向动词"来""去"）　Regardez les images et parlez (utilisez les verbes «来» ou «去»)

（1）大卫说："你＿＿＿＿＿吧。"

　　　玛丽说："你＿＿＿＿＿吧。"

（2）A：＿＿＿＿＿＿＿＿＿。

　　　B：＿＿＿＿＿＿＿＿＿。

　　　C：＿＿＿＿＿＿＿＿＿。

3. 根据所给内容，用"还是"提问　En fonction de ce qui est donné, posez des questions avec «还是»

例 Exemple　六点半起床　七点起床 ➡ 你六点半起床还是七点起床？

（1）去北海公园　去动物园　➡ ＿＿＿＿＿＿＿＿＿

（2）看电影　　　看杂技　　➡ ＿＿＿＿＿＿＿＿＿

（3）坐车去　　骑自行车去 →
（4）你去机场　　他去机场 →
（5）今年回国　　明年回国 →

4. 听后复述　Écoutez et répétez

王兰告诉我，离我们学校不远有一个果园（guǒyuán, verger）。那个果园有很多水果（shuǐguǒ, fruits），可以看，可以吃，也可以买。我们应该去看看。我们想星期天去。我们骑自行车去。

5. 语音练习　Exercices de phonétique

(1) 读下列词语：第三声 + 第四声　Lisez les mots suivants: troisième ton + quatrième ton

gǎnxiè （感谢）	kǎo shì （考试）
yǒuyì （友谊）	wǎnfàn （晚饭）
qǐng zuò （请坐）	zěnyàng （怎样）
mǎlù （马路）	fǎngwèn （访问）
mǎidào （买到）	yǒu shì （有事）

(2) 常用音节练习　Exercices des syllabes courantes

yíngjiē
迎接（1）
Bienvenu (1)

18 路上辛苦了
Tu as fait un long voyage

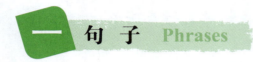

117 从 东 京 来 的 飞 机 到 了 吗？
Cóng Dōngjīng lái de fēijī dào le ma?
L'avion en provenance de Tokyo est-il arrivé?

118 飞 机 晚 点 了 。 Le vol est en retard.
Fēijī wǎn diǎn le.

119 飞 机 快 要 起 飞 了 。 L'avion va décoller.
Fēijī kuài yào qǐfēi le.

120 飞 机 大 概 三 点 半 能 到 。
Fēijī dàgài sān diǎn bàn néng dào.
L'avion arrivera vers 15h30.

121 我 们 先 去 喝 点 儿 咖 啡，一 会 儿
Wǒmen xiān qù hē diǎnr kāfēi, yíhuìr
再 来 这 儿 吧 。
zài lái zhèr ba.
Prenons un café d'abord et revenons plus tard.

122 路 上 辛 苦 了 。 Tu as fait un long voyage.
Lùshang xīnkǔ le.

123 你 怎 么 知 道 我 要 来？
Nǐ zěnme zhīdao wǒ yào lái?
Comment sais-tu que je viendrai?

18 路上辛苦了 Tu as fait un long voyage

124 | 是和子告诉我的。 C'est Kazuko qui me l'a dit.
Shì Hézǐ gàosu wǒ de.

二 会话 Conversations

1

和子： 从 东京 来的 飞机 到 了 吗？
Hézǐ: Cóng Dōngjīng lái de fēijī dào le ma?

服务员： 还 没 到。
Fúwùyuán: Hái méi dào.

和子： 为 什 么？
Hézǐ: Wèi shénme?

服务员： 晚 点 了。飞机 现在 在 上海。
Fúwùyuán: Wǎn diǎn le. Fēijī xiànzài zài Shànghǎi.

和子： 起飞 了 吗？
Hézǐ: Qǐfēi le ma?

服务员： 快 要 起 飞 了。
Fúwùyuán: Kuài yào qǐfēi le.

和子： 什么 时候 能 到？
Hézǐ: Shénme shíhou néng dào?

服务员： 大概 三 点 半 能 到。
Fúwùyuán: Dàgài sān diǎn bàn néng dào.

和子： 刘京，我们 先 去 喝 点儿 咖啡，
Hézǐ: Liú Jīng, wǒmen xiān qù hē diǎnr kāfēi,

一 会 儿 再 来 这 儿 吧。
yíhuìr zài lái zhèr ba.

2

和子: 你看,李成日来了。
Hézǐ: Nǐ kàn, Lǐ Chéngrì lái le.

刘京: 你好! 路上 辛苦 了。
Liú Jīng: Nǐ hǎo! Lùshang xīnkǔ le.

李成日: 你们好! 刘京,你怎么知道我要来?
Lǐ Chéngrì: Nǐmen hǎo! Liú Jīng, nǐ zěnme zhīdao wǒ yào lái?

刘京: 是 和子告诉我 的。
Liú Jīng: Shì Hézǐ gàosu wǒ de.

李成日: 感谢 你们来接我。
Lǐ Chéngrì: Gǎnxiè nǐmen lái jiē wǒ.

和子: 我 们 出 去 吧!
Hézǐ: Wǒmen chūqu ba!

李成日: 等 一 等,还 有 贸 易 公司 的 人 接 我 呢。
Lǐ Chéngrì: Děng yi děng, hái yǒu màoyì gōngsī de rén jiē wǒ ne.

刘京: 好,我们在这儿等你。
Liú Jīng: Hǎo, wǒmen zài zhèr děng nǐ.

三 替换与扩展 Substitutions et Extensions

1. 替换 Substitutions

(1) 快要<u>起飞</u>了。

| 上课 | 考试 |
| 开车 | 毕业 |

18 路上辛苦了　Tu as fait un long voyage

（2）我们先去喝点儿咖啡，
一会儿再来这儿吧。

换	钱	买饮料
吃	东西	照相
喝	啤酒	看电影

（3）是和子告诉我的。

| 刘经理 | 王兰 |
| 那个留学生 | 他哥哥 |

2. 扩展　Extensions

（1）A：他 是 怎么 来 的？
　　　Tā shì zěnme lái de?

　　B：他（是）坐 出租车 来 的。
　　　Tā (shì) zuò chūzūchē lái de.

（2）火 车 要 开 了，快 上 去 吧。
　　Huǒchē yào kāi le, kuài shàngqu ba.

四　生词　Nouveaux mots

1.	从	cóng	介	depuis
2.	飞机	fēijī	名	avion
3.	晚点	wǎn diǎn		être en retard
4.	要……了	yào……le		bientôt
5.	起飞	qǐfēi	动	décoller
6.	大概	dàgài	副	environ
7.	先	xiān	副	d'abord

Bienvenu (1)　171

8.	咖啡	kāfēi	名	café
9.	辛苦	xīnkǔ	形	épuisant
10.	服务员	fúwùyuán	名	employé, serveur(-se)
11.	为什么	wèi shénme		pourquoi
12.	一会儿	yíhuìr	数量	un instant
13.	感谢	gǎnxiè	动	remercier
14.	贸易	màoyì	名	commerce
15.	开	kāi	动	conduire
16.	毕业	bì yè		être diplômé
17.	饮料	yǐnliào	名	boisson
18.	啤酒	píjiǔ	名	bière
19.	出租车	chūzūchē	名	taxi
20.	火车	huǒchē	名	train

五 语 法 Grammaire

1. "要……了"　Expression «要……了»

（1）"要……了"句式表示一个动作或情况很快就要发生。副词"要"表示将要，放在动词或形容词前，句尾加语气助词"了"。"要"前还可加上"就"或"快"，表示时间紧迫。例如：

L'expression «要……了» indique qu'une action ou une situation va bientôt se produire, «要» signifie «être sur le point de». Il faut placer «要» avant le verbe ou l'adjectif et ajouter

18 路上辛苦了　Tu as fait un long voyage

l'adjectif modal «了» à la fin de la phrase. Vous pouvez également ajouter «就» ou «快» avant «要» pour indiquer l'imminence de l'action. Par exemple:

① 火车要开了。　　② 他就要来了。
③ 快要到北京了。

（2）"就要……了"前边可以加时间状语，"快要……了"不行。例如"他明天就要走了"，不能说"他明天快要走了"。

«就要……了» peut être précédé d'un complément circonstanciel de temps mais «快要……了» ne peut pas l'être. Par exemple: «他明天就要走了», mais on ne dit pas «他明天快要走了».

2. "是……的"　Expression «是……的»

（1）"是……的"句可用来强调说明已经发生的动作的时间、地点、方式等。"是"放在被强调说明的部分之前，有时可以省略。"的"放在句尾。例如：

La phrase «是……的» peut être utilisée pour souligner l'heure, le lieu et la façon, des actions qui ont eu lieu. Le mot «是» est placé avant la partie mise en évidence et peut parfois être omis. «的» se place à la fin de la phrase. Par exemple:

① 他（是）昨天来的。　　② 你（是）在哪儿买的？
③ 我（是）坐飞机来的。

（2）是……的"句有时也可强调动作的施事。例如：

La structure «是……的» est parfois utilisée pour souligner l'agent de l'action. Par exemple:

④ （是）她告诉我的。

六 练习 Exercices

1. 用"要……了""快要……了"或"就要……了"改写句子　Reformulez les phrases suivantes en utilisant «要……了»«快要……了» ou «就要……了»

例 Exemple　现在是十月，你应该买毛衣了。
　　　　→ 天气（快）要冷了，你应该买毛衣了。

（1）八点上课，现在七点五十了，我们快走吧。
→ _____

（2）你再等等，他很快就来。
→ _____

（3）李成日明天回国，我们去看看他吧。
→ _____

（4）饭很快就做好了，你们在这儿吃吧。
→ _____

2. 用"（是）……的"完成对话　Complétez les dialogue suivants en utilisant «（是）……的»

（1）A：这种橘子真好吃，_____？
　　　B：是在旁边的商店_____。

（2）A：你给玛丽打电话了吗？
　　　B：打了。我是昨天晚上_____。
　　　A：她知道开车的时间了吗？
　　　B：她昨天上午就知道了。
　　　A：_____？
　　　B：是刘京告诉她的。

3. 看图用"是……的"句说句子　Regardez les images et faites des phrases «是……的»

（1）骑自行车　　来

（2）食堂　　吃

（3）上课　　8点

（4）睡觉　　晚上

4. 按照实际情况回答问题　Répondez aux questions suivantes d'après la réalité

（1）你从哪儿来？你是怎么来的？

（2）你为什么来中国？

5. 听后复述　Écoutez et répétez

　　我从法国来，我是坐飞机来的。我在北京语言大学学习汉语。在法国我没学过汉语，我不会说汉语，也不会写汉字。现在我会说一点儿了，我很高兴。我应该感谢我们的老师。

6. 语音练习　Exercices de phonétique

(1) 读下列词语：第三声＋轻声　Lisez les mots suivants: troisième ton + ton neutre

zěnme	（怎么）	wǎnshang	（晚上）
xǐhuan	（喜欢）	jiǎozi	（饺子）
zǎoshang	（早上）	sǎngzi	（嗓子）
jiějie	（姐姐）	nǎinai	（奶奶）
shǒu shang	（手上）	běnzi	（本子）

(2) 常用音节练习　Lisez les syllabes suivantes

he
- hē jiǔ （喝酒）
- hépíng （和平）
- zhùhè （祝贺）
- suíhe （随和）

wei
- wēixiǎn （危险）
- zhōuwéi （周围）
- wěidà （伟大）
- wèi shénme （为什么）

yíngjiē
迎接（2）
Bienvenu (2)

19 欢迎你
Bienvenu

一 句子 Phrases

125 别客气。 De rien.
Bié kèqi.

126 一点儿也不累。 Je ne suis pas fatigué du tout.
Yìdiǎnr yě bú lèi.

127 您第一次来中国吗？
Nín dì-yī cì lái Zhōngguó ma?
C'est la première fois que vous venez en Chine?

128 我以前来过（中国）两次。
Wǒ yǐqián láiguo (Zhōngguó) liǎng cì.
Je suis déjà venu (en Chine) deux fois.

129 这是我们经理给您的礼物。
Zhè shì wǒmen jīnglǐ gěi nín de lǐwù.
C'est un cadeau de notre manager pour vous.

130 他问您好。 Il vous dit bonjour.
Tā wèn nín hǎo.

131 我们在北京饭店请您吃晚饭。
Wǒmen zài Běijīng Fàndiàn qǐng nín chī wǎnfàn.
Nous vous invitons à dîner à l'Hôtel Beijing.

132 我从朋友那儿去饭店。
Wǒ cóng péngyou nàr qù fàndiàn.
Je vais à l'hôtel de chez un ami.

二 会 话 Conversations

1

王： 您好，李先生！我是王大年，公司的翻译。
Wáng: Nín hǎo, Lǐ xiānsheng! Wǒ shì Wáng Dànián, gōngsī de fānyì.

李： 谢谢您来接我。
Lǐ: Xièxie nín lái jiē wǒ.

王： 别客气。路上辛苦了。累了吧？
Wáng: Bié kèqi. Lùshang xīnkǔ le. Lèi le ba?

李： 一点儿也不累，很顺利。
Lǐ: Yìdiǎnr yě bú lèi, hěn shùnlì.

王： 汽车在外边，我们送您去饭店。
Wáng: Qìchē zài wàibian, wǒmen sòng nín qù fàndiàn.

李： 我还有两个朋友。
Lǐ: Wǒ hái yǒu liǎng ge péngyou.

王： 那一起走吧。
Wáng: Nà yìqǐ zǒu ba.

李： 谢谢！
Lǐ: Xièxie!

2

经理：欢迎您，李先生！
Jīnglǐ: Huānyíng nín, Lǐ xiānsheng!

李：谢谢！
Lǐ: Xièxie!

经理：您第一次来中国吗？
Jīnglǐ: Nín dì-yī cì lái Zhōngguó ma?

李：不，我以前来过两次。这是我们经理给您的礼物。
Lǐ: Bù, wǒ yǐqián láiguo liǎng cì. Zhè shì wǒmen jīnglǐ gěi nín de lǐwù.

经理：麻烦您了。
Jīnglǐ: Máfan nín le.

李：他问您好。
Lǐ: Tā wèn nín hǎo.

经理：谢谢。今天我们在北京饭店请您吃晚饭。
Jīnglǐ: Xièxie. Jīntiān wǒmen zài Běijīng Fàndiàn qǐng nín chī wǎnfàn.

李：您太客气了，真不好意思。
Lǐ: Nín tài kèqi le, zhēn bù hǎoyìsi.

经理：您有时间吗？
Jīnglǐ: Nín yǒu shíjiān ma?

李：下午我去朋友那儿，晚上没事。
Lǐ: Xiàwǔ wǒ qù péngyou nàr, wǎnshang méi shì.

经理：我们去接您。
Jīnglǐ: Wǒmen qù jiē nín.

李：不用了，我可以打车从朋友那儿去。
Lǐ: Búyòng le, wǒ kěyǐ dǎ chē cóng péngyou nàr qù.

三 替换与扩展 Substitutions et Extensions

1. 替换 Substitutions

(1) 一点儿也不累。

一点儿	不热
一点儿	不慢
一样东西	没买
一分钟	没休息

(2) 这是我们经理给您的礼物。

我姐姐	给我	笔
他哥哥	送你	花儿
我朋友	给我	花儿

(3) A：您是第一次来中国吗?
    B：不，我以前来过两次。

吃烤鸭	吃
看京剧	看
来我们学校	来

2. 扩展 Extensions

(1) 这次我来北京很顺利。
Zhè cì wǒ lái Běijīng hěn shùnlì.

(2) 我寄给你的快递收到了吗?
Wǒ jì gěi nǐ de kuàidì shōudào le ma?

(3) 我来中国的时候一句汉语也不会说。
Wǒ lái Zhōngguó de shíhou yí jù Hànyǔ yě bú huì shuō.

四 生词 Nouveaux mots

1.	别	bié	副	ne…, non
2.	客气	kèqi	形	poli
3.	第	dì		utilisé pour former un nombre ordinal
4.	次	cì	量	fois
5.	经理	jīnglǐ	名	manager
6.	礼物	lǐwù	名	cadeau
7.	先生	xiānsheng	名	monsieur
8.	翻译	fānyì	名/动	interprète; traduire
9.	顺利	shùnlì	形	bien joué
10.	外边	wàibian	名	dehors
11.	送	sòng	动	envoyer
12.	以前	yǐqián	名	avant
13.	麻烦	máfan	动/形/名	déranger; problème; ennuis
14.	不好意思	bù hǎoyìsi		embarrassé
15.	不用	búyòng	副	pas besoin
16.	打车	dǎ chē		prendre un taxi
17.	热	rè	形	chaud
18.	慢	màn	形	lent
19.	分钟	fēnzhōng	名	minute

20.	寄	jì	动	envoyer
21.	句	jù	量	phrase

五 语法 Grammaire

1. "从""在"的宾语与"这儿""那儿"　Les compléments d'objet de «从» «在» et «这儿» «那儿»

"从""在"的宾语如果是一个指人的名词或代词，必须在它后边加"这儿"或"那儿"才能表示处所。例如：

Si le complément d'objet de «从» ou «在» est un nom ou un pronom qui représente une personne, il faut ajouter «这儿» ou «那儿» après pour indiquer le lieu. Par exemple:

① 他从我这儿去书店。　② 我从张大夫那儿来。
③ 我妹妹在玛丽那儿玩儿。　④ 我的笔在他那儿。

2. 动量补语　Complément de fréquence

（1）动量词和数词结合，放在动词后边，说明动作发生的次数，构成动量补语。例如：

Le complément de fréquence indique la fréquence de l'action. Il est constitué de la combinaison d'un adjectif numéral et d'un spécificatif de fréquence placés après le verbe. Par exemple:

① 他来过一次。　② 我找过他两次，他都不在。

（2）"一下儿"作动量补语，除了可以表示动作的次数外，也可以表示动作经历的时间短暂，并带有轻松随便的意味。例如：

«一下儿» employé comme complément de fréquence, peut exprimer non seulement la fréquence de l'action mais aussi la courte durée de l'action, ayant une nuance de détente ou de légèreté. Par exemple:

③ 给你们介绍一下儿。　　④ 你帮我拿一下儿。

3. 动词、动词短语、主谓短语等作定语　Verbe, locution verbale, locution «sujet-prédicat» employés comme déterminatif

动词、动词短语、主谓短语、介词短语作定语时，必须加"的"。例如：

Si un verbe, une locution verbale, une locution «sujet-prédicat» ou une locution prépositionnelle est utilisé comme déterminatif, il faut ajouter «的». Par exemple:

① 来的人很多。　　　　　② 学习汉语的学生不少。
③ 这是经理给您的信。　　④ 从东京来的飞机下午到。

六　练习　Exercices

1. 用下列动词造句　Utilisez les verbes suivants pour faire des phrases

接　　送　　给　　收　　换

2. 给词语选择适当的位置（有的在A在B都行）　Placez les mots cités au bon endroit dans les phrases suivantes (certaines phrases peuvent être placées sur A et B)

（1）我坐过 A 11 路汽车 B。　　　　　（两次）
（2）她去过 A 上海 B。　　　　　　　（三次）
（3）动物园我 A 去过 B。　　　　　　（两次）
（4）我哥哥的孩子吃过 A 烤鸭 B。　　（一次）
（5）你帮我 A 拿 B。　　　　　　　　（一下儿）

3. 用"一……也……"改写句子 Reformulez les phrases suivantes en utilisant la structure «一……也……»

例 Exemple 我没休息。（天）➡ 我一天也没休息。

（1）今天我没喝啤酒。（瓶）➡ _____
（2）我没去过动物园。（次）➡ _____
（3）在北京他没骑过自行车。（次）➡ _____
（4）今天我没带钱。（分）➡ _____
（5）他不认识汉字。（个）➡ _____

4. 按照实际情况回答问题 Répondez aux questions suivantes d'après la réalité

（1）你来过中国吗？现在是第几次来？
（2）这本书有多少课？这是第几课？
（3）你一天上几节（jié, séance）课？现在是第几节课？
（4）你们宿舍楼有几层？你住在几层？

5. 情景会话 Faites des dialogues d'après les thèmes suivants

（1）去机场接朋友。
　　　Tu rencontres un ami à l'aéroport.

　　提示：问候路上怎么样；告诉他/她现在去哪儿、这几天做什么等。
　　Indices: Demande des informations sur les voyages; Dis-lui où aller et que faire dans les prochains jours.

（2）去火车站接朋友，火车晚点了。
Tu es venu chercher des amis à la gare, mais le train était en retard.

提示：问为什么还没到、什么时候能到等。
Indices: Demande pourquoi le train est en retard et quand il arrive.

6. 听后复述　Écoutez et répétez

上星期五我去大同（Dàtóng, nom d'une ville）了。我是坐火车去的，今天早上回来的。我第一次去大同。我很喜欢这个地方。

从北京到大同很近。坐高铁去大概要两个小时（xiǎoshí, heure）。现在去，不冷也不热。下星期你也去吧。

7. 语音练习　Exercices de phonétique

(1) 读下列词语：第四声 + 第一声　Lisez les mots suivants: quatrième ton + premier ton

qìchē	（汽车）	lùyīn	（录音）
dàyī	（大衣）	chàng gē	（唱歌）
diàndēng	（电灯）	dàjiā	（大家）
hùxiāng	（互相）	hòutiān	（后天）

(2) 常用音节练习　Exercices des syllabes courantes

zhāodài
招待
Accueil

20 为我们的友谊干杯
Buvons à notre amitié

一 句子 Phrases

133 | 请 这儿 坐。 Asseyez-vous ici s'il vous plaît.
Qǐng zhèr zuò.

134 | 我 过 得 很 愉 快。 Je me suis vraiment amusé.
Wǒ guò de hěn yúkuài.

135 | 您 喜欢 喝 什么 酒?
Nín xǐhuan hē shénme jiǔ?
Qu'est-ce que vous voulez boire?

136 | 为 我们 的 友谊 干 杯![1]
Wèi wǒmen de yǒuyì gān bēi!
Buvons à notre amitié!

137 | 这个 鱼 做 得 真 好吃。 Ce poisson est délicieux.
Zhège yú zuò de zhēn hǎochī.

138 | 你们 别 客气, 像 在 家 一 样。
Nǐmen bié kèqi, xiàng zài jiā yíyàng.
Faites comme chez vous.

139 | 我 做 菜 做 得 不 好。 Je ne sais pas bien faire la cuisine.
Wǒ zuò cài zuò de bù hǎo.

140 | 你们 慢慢 吃。[2] Servez-vous sans vous presser.
Nǐmen mànmàn chī.

Accueil 187

二 会 话 Conversations

1

翻译：李先生，请这儿坐。
Fānyì: Lǐ xiānsheng, qǐng zhèr zuò.

李：谢谢！
Lǐ: Xièxie!

经理：这两天过得怎么样？
Jīnglǐ: Zhè liǎng tiān guò de zěnmeyàng?

李：过得很愉快。
Lǐ: Guò de hěn yúkuài.

翻译：您喜欢喝什么酒？
Fānyì: Nín xǐhuan hē shénme jiǔ?

李：啤酒吧。
Lǐ: Píjiǔ ba.

经理：您尝尝这个菜怎么样。
Jīnglǐ: Nín chángchang zhège cài zěnmeyàng.

李：很好吃。
Lǐ: Hěn hǎochī.

经理：吃啊，别客气。
Jīnglǐ: Chī a, bié kèqi.

李：不客气。
Lǐ: Bú kèqi.

经理：来，为我们的友谊干杯！
Jīnglǐ: Lái, wèi wǒmen de yǒuyì gān bēi!

20 为我们的友谊干杯　Buvons à notre amitié

李： 为大家的健康干杯！
Lǐ: Wèi dàjiā de jiànkāng gān bēi!

翻译： 干杯！
Fānyì: Gān bēi!

2

刘京： 我们先喝酒吧。
Liú Jīng: Wǒmen xiān hē jiǔ ba.

李成日： 这个鱼做得真好吃。
Lǐ Chéngrì: Zhège yú zuò de zhēn hǎochī.

刘京妈妈： 你们别客气，像在家一样。
Liú Jīng māma: Nǐmen bié kèqi, xiàng zài jiā yíyàng.

李成日： 我们不客气。
Lǐ Chéngrì: Wǒmen bú kèqi.

刘京妈妈： 吃饺子吧。
Liú Jīng māma: Chī jiǎozi ba.

和子： 我最喜欢吃饺子了。
Hézǐ: Wǒ zuì xǐhuan chī jiǎozi le.

刘京： 听说你很会做日本菜。
Liú Jīng: Tīngshuō nǐ hěn huì zuò Rìběncài.

和子： 哪儿啊，③ 我做得不好。
Hézǐ: Nǎr a, wǒ zuò de bù hǎo.

刘京： 你怎么不吃了？
Liú Jīng: Nǐ zěnme bù chī le?

和子： 吃饱了。你们慢慢吃。
Hézǐ: Chī bǎo le. Nǐmen mànmàn chī.

注释　Remarques

❶ 为我们的友谊干杯！　Buvons à notre amitié!

介词"为"用来说明动作的目的，必须放在动词前边。
La préposition «为» précède le verbe et indique le but de l'action.

❷ 你们慢慢吃。　Servez-vous sans vous presser.

这是客套话。自己吃完而别人还未吃完，就说"慢慢吃"或"慢用"。
C'est une formule de politesse. On l'utilise quand on s'est rassasié avant les autres. La traduction mot pour mot est «Mangez, prenez votre temps».

❸ 哪儿啊。　Mais non.

"哪儿啊"表示否定的意思。常用来回答别人的夸奖，表示自己没有对方说的那么好。
«哪儿» exprime ici une négation de politesse. On utilise pour exprimer la modestie quand on reçoit un compliment.

三　替换与扩展　Substitutions et Extensions

1. 替换　Substitutions

(1) 我 过得很愉快。

我们	生活	好
他	说	快
张先生	休息	不错
大卫	睡	晚

(2) 这个鱼做得真好吃。

件	衣服	洗	干净
张	照片	照	好
辆	汽车	开	快

20 为我们的友谊干杯 Buvons à notre amitié

（3）我 <u>做</u> <u>菜</u> <u>做</u>得不<u>好</u>。

做	饺子	好吃
写	汉字	好看
翻译	生词	快

2. 扩展 Extensions

（1）他 汉语 说 得 真 好，像 中国人 一样。
　　　Tā Hànyǔ shuō de zhēn hǎo, xiàng Zhōngguórén yíyàng.

（2）你 说 得 太 快，我 没 听 懂，请 你 说 得 慢
　　　Nǐ shuō de tài kuài, wǒ méi tīngdǒng, qǐng nǐ shuō de màn
一点儿。
yìdiǎnr.

四 生词 Nouveaux mots

1.	过	guò	动	passer
2.	得	de	助	un complément utilisé après un verbe ou un adjectif pour indiquer un résultat ou un état
3.	愉快	yúkuài	形	agréable, joyeux
4.	喜欢	xǐhuan	动	adorer, aimer
5.	为……干杯	wèi……gān bēi		porter un toast à, boire à
6.	友谊	yǒuyì	名	amitié
7.	鱼	yú	名	poisson
8.	像	xiàng	动	similaire, comme

9.	一样	yíyàng	形	pareil
10.	大家	dàjiā	代	tout le monde
11.	健康	jiànkāng	形	santé
12.	饺子	jiǎozi	名	ravioli
13.	饱	bǎo	形	rassasié
14.	生活	shēnghuó	动/名	la vie
15.	睡	shuì	动	dormir
16.	晚	wǎn	形	tard
17.	洗	xǐ	动	laver
18.	干净	gānjìng	形	propre
19.	照片	zhàopiàn	名	photo
20.	辆	liàng	量	*mot de mesure*

五 语法 Grammaire

1. 状态补语 Complément d'état

（1）表示动作状态的补语，叫状态补语。简单的状态补语一般由形容词充任。动词和状态补语之间要用结构助词"得"来连接。

Un complément qui représente l'état de l'action, appelé complément d'état. Les compléments d'état simples sont généralement assurés par des adjectifs. Le verbe et le complément d'état doivent être reliés par la particule structurale «得».

① 我们休息得很好。
② 玛丽、大卫他们玩儿得很愉快。

（2）状态补语的否定式是在补语的前边加否定副词"不"。注意："不"不能放在动词的前边。例如：

La forme négative du complément d'état s'obtient avec l'adverbe négatif «不» placé au début du complément. NB: «不» ne peut pas être placé devant un verbe. Par exemple:

③ 他来得不早。　　④ 他生活得不太好。

（3）带状态补语的正反疑问句是并列状态补语的肯定形式和否定形式。例如：

Pour transformer une phrase comportant un complément d'état en une interrogation comportant une affirmation suivie d'une négation, on fait suivre l'affirmation du complément d'état de sa négation. Par exemple:

⑤ 你休息得好不好？　　⑥ 这个鱼做得好吃不好吃？

2. 状态补语与宾语 Complément d'état et complément d'objet

动词后边如果带宾语，再有状态补语时，必须在宾语之后、"得"和状态补语之前重复动词。例如：

Quand un verbe comportant un complément d'objet est suivi du complément d'état, il faut, après le complément d'objet, reprendre le verbe auquel on ajoute la particule structurale «得» et le complément d'état. Par exemple:

① 他说汉语说得很好。　　② 她做饭做得很不错。
③ 我写汉字写得不太好。

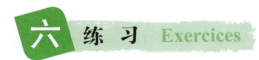 练习 Exercices

1. 熟读下列短语并选择五个造句　Récitez les phrases suivantes et utilisez cinq d'entre elles pour former des phrases

起得很早	走得很快	玩儿得很高兴
生活得很愉快	穿得很多	演得好极了
休息得不太好	来得不晚	写得不太慢

2. 用状态补语完成句子　Complétez les phrases avec un complément d'état

　　（1）他洗衣服_____。

　　（2）我姐姐做鱼_____。

　　（3）小王开车_____。

　　（4）他划船_____。

3. 完成对话（注意用上带"得"的状态补语）　Complétez les dialogues suivants (ajoutez le complément d'état «得»)

　　（1）A：你喜欢吃鱼吗？这鱼做_____？

　　　　B：_____很好吃。

　　（2）A：今天的京剧演_____？

　　　　B：_____很好。

　　（3）A：昨天晚上你几点睡的？

　　　　B：十二点。

　　　　A：_____。你早上起得也很晚吧？

　　　　B：不，_____。

4. 用"在""给""得""像……一样""跟……一起"填空　Remplissez les trous avec «在» «给» «得» «像……一样» «跟……一起»

　　王兰、和子都_____北京语言大学学习，她们是好朋友，_____姐姐和妹妹_____。上星期我_____她们_____去北海公园玩儿。我_____她们照相，照了很多，都照_____很好。那天我们玩儿_____很愉快。

5. 谈谈你的一天（用上带"得"的状态补语） Parlez de votre emploi du temps avec le complément d'état « 得 »

提示：（1）你什么时候起床？什么时候去教室？什么时候睡觉？早还是晚？

（2）在这儿学汉语，你学得怎么样？生活得愉快不愉快？

Indices: (1) À quelle heure vous levez-vous? Quand vas-tu en classe? Tu dors quand? Tôt ou tard?

(2) Comment va ton apprentissage du chinois? Pensez-vous que la vie en Chine est intéressante?

6. 听后复述　Écoutez et répétez

昨天我和几个小朋友（xiǎopéngyǒu, enfant）去划船了。孩子们（men, utilisé comme pluriel après un pronom personnel ou un nom）很喜欢划船，他们划得很好。我坐在船上高兴极了，也像孩子一样玩儿。这一天过得真有意思！

7. 语音练习　Exercices de phonétique

(1) 读下列词语：第四声 + 第二声　Lisez les mots suivants: quatrième ton + deuxième ton

bù lái	（不来）	liànxí	（练习）
qùnián	（去年）	fùxí	（复习）
rìchéng	（日程）	wèntí	（问题）
xìngmíng	（姓名）	gào bié	（告别）
sòng xíng	（送行）	kètáng	（课堂）

(2) 常用音节练习　Exercices des syllabes courantes

gong — gōngrén（工人）
　　　 gǒnggù（巩固）
　　　 yígòng（一共）

jiu — jiūjìng（究竟）
　　　hǎojiǔ（好久）
　　　chéngjiù（成就）

复习（四）
Révisions (Ⅳ)

一 会 话 Conversations

1

〔约翰（Yuēhàn, John）的中国朋友今天从北京来，约翰到机场去接他〕

约翰：啊，小王，路上辛苦了！

王：不辛苦。谢谢你来接我。

约翰：别客气。收到你的电子邮件，知道你要来旧金山（Jiùjīnshān, San Francisco），我高兴极了。

王：我很高兴能见到（jiàndào, voir）老（lǎo, vieux, vieille）朋友。刘小华（Liú Xiǎohuá, Liu Xiaohua, nom d'une personne）、珍妮（Zhēnnī, Jenny）他们都好吗？

约翰：都很好。他们很忙，今天没时间来接你。

王：我们都是老朋友了，不用客气。

约翰：为了欢迎你来，星期六我们请你在中国饭店吃饭。

王：谢谢！给你们添（tiān, ajouter）麻烦了。

2

〔在中国饭店〕

珍妮：小王怎么还没来？

刘：还没到时间。

珍妮：他第一次来旧金山，能找到这儿吗？

约翰：这个饭店很有名，能找到。

刘：啊，你们看，小王来了！

约翰：小王，快来！这儿坐。

珍妮：三年没见（jiàn, voir），你跟以前一样。

王：是吗？

珍妮：这是菜单（càidān, menu）。小王，你想吃什么？

约翰：我知道，他喜欢吃糖醋鱼（tángcùyú, poisson à la sauce aigre-douce），还有……

王：你们太客气了，我真不好意思。

刘：我们先喝酒吧。

约翰：来，为我们的友谊干杯！

珍妮、刘、王：干杯！

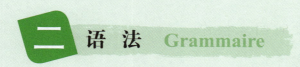
语法 Grammaire

（一）句子的四种类型 Quatre types de phrases

根据谓语主要成分的不同，可以把句子分为四种类型。

Les phrases sont divisées en quatre catégories selon les éléments principaux du prédicat.

复习（四） Révisions (IV)

1. 名词谓语句　Phrases avec prédicat nominal

由名词或名词结构、数量词等直接作谓语的句子叫名词谓语句。例如：

Les phrases avec prédicat nominal sont les phrases dont l'élément principal du prédicat est un nom, une structure nominale ou un quantificateur. Par exemple:

① 今天星期六。　　② 他今年二十岁。
③ 现在两点钟。　　④ 这本书二十八块五。

2. 动词谓语句　Phrases avec verbe prédicat

谓语的主要成分是动词的句子叫动词谓语句。例如：

Les phrases avec prédicat verbal sont celles dont l'élément principal du prédicat est un verbe. Par exemple:

① 我写汉字。　　② 他想学习汉语。
③ 他来中国旅行。　　④ 玛丽和大卫去看电影。

3. 形容词谓语句　Phrases avec prédicat adjectif

形容词谓语句用来对人或事物的状态加以描写，有时也说明事物的变化。例如：

Les phrases avec prédicat adjectif sont utilisées pour décrire l'état d'une personne ou d'une chose et parfois pour décrire le changement d'une chose. Par exemple:

① 天气热了。　　② 张老师很忙。
③ 这本汉语书很便宜。

4. 主谓谓语句　Phrases avec sujet-prédicat comme prédicat

主谓谓语句中的谓语本身也是一个主谓短语，主要用来说明或者描写主语。例如：

Le prédicat dans ces phrases est également une locution sujet-prédicat, qui est principalement utilisée pour décrire le sujet principal ou d'en développer un aspect. Par exemple:

① 我爸爸身体很好。　　② 他工作很忙。
③ 今天天气很不错。

（二）提问的六种方法　Six manières de poser une question

1. 用"吗"的疑问句　Interrogation avec «吗»

这是最常用的提问方法，对可能的回答不作预先估计。例如：

C'est le moyen le plus usuel de questionner. On ne prévoit pas d'avance la réponse. Par exemple:

> ① 你是学生吗？　　　② 你喜欢看中国电影吗？
> ③ 你喝咖啡吗？

2. 正反疑问句　Interrogation affirmative-négative

这种疑问句用并列肯定形式和否定形式提问。例如：

On questionne en faisant suivre l'affirmation de la négation. Par exemple:

> ① 你认识不认识他？　　② 你们学校大不大？
> ③ 你有没有弟弟？　　　④ 明天你去不去长城？

3. 用疑问代词的疑问句　Interrogation avec un pronom interrogatif

用"谁""什么""哪""哪儿""怎么样""多少""几"等疑问代词提问。例如：

On questionne en utilisant des pronoms interrogatifs comme «谁» «什么» «哪» «哪儿» «怎么样» «多少» «几». Par exemple:

> ① 谁是你们的老师？　　② 哪本书是你的？
> ③ 他身体怎么样？　　　④ 今天星期几？

4. 用"还是"的选择疑问句　Question alternative avec «还是»

当提问人估计到有两种答案的时候，就用"还是"构成选择疑问句来提问。例如：

Lorsque l'auteur de la question estime qu'il y a deux possibilités dans la réponse, on utilise «还是» pour poser des questions. Par exemple:

> ① 你上午去还是下午去？　② 他是美国人还是法国人？
> ③ 你去看电影还是去看京剧？

5. 用"呢"的省略式疑问句　Forme elliptique de l'interrogation construite avec «呢»

① 我很好，你呢？　② 大卫看电视，玛丽呢？

6. 用"……，好吗？"提问　Interrogation avec «……，好吗？»

这种句子常常用于提出建议，征求对方意见。例如：
Ces phrases sont souvent utilisées pour faire des suggestions et solliciter l'avis de l'autre interlocuteur. Par exemple:

我们明天去，好吗？

三　练习　Exercices

1. 回答问题　Répondez aux questions

（1）用带简单趋向补语的句子回答问题　Répondez aux questions avec des phrases comportant des compléments directionnels simples

① 你带来词典了吗？
② 你妈妈寄来快递了吗？
③ 昨天下午你出去了吗？
④ 他买来橘子了吗？

（2）按照实际情况回答问题　Répondez aux questions en fonction de la situation réelle

① 你是从哪儿来中国的？怎么来的？
② 你在哪儿上课？你骑自行车去上课吗？
③ 你常常看电影还是常常看电视？
④ 你们学校中国学生多还是外国留学生多？
⑤ 你去过长城吗？你玩儿得高兴不高兴？你照相了吗？照得怎么样？

2. 用下面的句子练习会话 Faites des dialogues en utilisant les phrases suivantes

（1）感谢 Remerciement

> 谢谢！
> 感谢你……
> 麻烦你了！

（2）迎接 Accueil

> 欢迎您！
> 路上辛苦了。
> 路上顺利吗？
> 什么时候到的？

（3）招待 Réception

> 你喜欢什么酒？
> 别客气，多吃点儿。
> 为……干杯！

> 很好吃。
> 不吃（喝）了。
> 吃饱了。

3. 语音练习 Exercices de phonétique

（1）声调练习：第四声+第四声 Exercices des tons: quatrième ton + quatrième ton

shàng kè （上课）

zài jiàoshì shàng kè （在教室上课）

xiànzài zài jiàoshì shàng kè （现在在教室上课）

bì yè （毕业）

xià ge yuè bì yè （下个月毕业）

dàgài xià ge yuè bì yè （大概下个月毕业）

（2）朗读会话 Lisez à haute voix le dialogue

A: Wǒ zuì xǐhuan dàxióngmāo.

B: Wǒ yě xǐhuan dàxióngmāo.

A: Wǒmen qù dòngwùyuán ba.

B: Hǎojí le! Xiàwǔ jiù qù.

四 阅读短文　Lisez le texte

阿里（Ālǐ, nom d'une personne）：

你好！听说你要去北京语言大学学习了，我很高兴。我给你介绍一下儿那个学校。

语言大学不太大，有很多留学生，也有中国学生。留学生学习汉语，中国学生学习外语（wàiyǔ, langue étrangère）。

学校里有很多楼。你可以住在留学生宿舍。留学生食堂就在宿舍楼旁边。他们做的饭菜还不错。

学校里有个小银行，那儿可以换钱、存钱（cún qián, déposer de l'argent），很方便。

离学校不远有个商店，那儿东西很多，也很便宜。我在语言大学的时候，常去那儿买东西。

你知道吗？娜依（Nàyī, Naï, nom d'une personne）就在北京大学学习。北大离语言大学很近。你有时间可以去那儿找她。

娜依的哥哥毕业了。他上个月从英国回来，现在还没找到工作呢。他问你好。

好，不多写了。等你回信。

祝（zhù, souhaiter）你愉快！

你的朋友莎菲（Shāfēi, Sophie）

2021年5月18日

词汇表 Vocabulaire

A

啊	a	助	17
哎呀	āiyā	叹	15
爱人	àiren	名	7

B

八	bā	数	2
爸爸	bàba	名	1
吧	ba	助	8
百	bǎi	数	14
半	bàn	数	8
帮	bāng	动	15
饱	bǎo	形	20
北边	běibian	名	10
笔	bǐ	名	13
毕业	bì yè		18
别	bié	副	19
别的	bié de		11
不	bù	副	3
不错	búcuò	形	15
不好意思	bù hǎoyìsi		19
不用	búyòng	副	19

C

菜	cài	名	16
操场	cāochǎng	名	10
层	céng	量	9
茶	chá	名	16
差	chà	动	8
长	cháng	形	12
尝	cháng	动	11
常（常）	cháng (cháng)	副	9
超市	chāoshì	名	5
车	chē	名	10
吃	chī	动	8
出去	chūqu		17
出租车	chūzūchē	名	18
穿	chuān	动	12
船	chuán	名	17
床	chuáng	名	8
词典	cídiǎn	名	16
次	cì	量	19
从	cóng	介	18

词汇表 | Vocabulaire

D

打	dǎ	动	8
打	dǎ	动	15
打车	dǎ chē		19
大	dà	形	12
大概	dàgài	副	18
大家	dàjiā	代	20
大熊猫	dàxióngmāo	名	17
大学	dàxué	名	5
大夫	dàifu	名	4
带	dài	动	13
当然	dāngrán	副	16
到	dào	动	13
到	dào	动	15
得	de	助	20
的	de	助	5
等	děng	动	14
地方	dìfang	名	10
地铁	dìtiě	名	13
弟弟	dìdi	名	3
第	dì		19
点	diǎn	量	8
电	diàn	名	15
电话	diànhuà	名	14
电脑	diànnǎo	名	7
电视	diànshì	名	6
电影	diànyǐng	名	6
电子邮件	diànzǐ yóujiàn		11
东边	dōngbian	名	10
东西	dōngxi	名	6
懂	dǒng	动	13
动物园	dòngwùyuán	名	17
都	dōu	副	1
短	duǎn	形	12
对	duì	形/介/动	9
多	duō	形	11
多少	duōshao	代	9

E

俄语	Éyǔ	名	13
二	èr	数	2

F

发	fā	动	11
法语	Fǎyǔ	名	13
翻译	fānyì	名/动	19
饭	fàn	名	8
饭店	fàndiàn	名	14
房间	fángjiān	名	9
飞机	fēijī	名	18

费	fèi	名/动	15
分	fēn	量	8
分钟	fēnzhōng	名	19
服务员	fúwùyuán	名	18
付	fù	动	11

G

干净	gānjìng	形	20
感谢	gǎnxiè	动	18
高兴	gāoxìng	形	4
告诉	gàosu	动	16
哥哥	gēge	名	3
个	gè	量	4
跟	gēn	介	17
工作	gōngzuò	动/名	3
公交车	gōngjiāochē	名	10
公司	gōngsī	名	7
公园	gōngyuán	名	9
关机	guān jī		15
贵	guì	形	11
贵姓	guìxìng	名	4
过	guò	动	20
过	guo	助	16

H

还	hái	副	11
还是	háishi	连	17
孩子	háizi	名	7
韩语	Hányǔ	名	7
汉语	Hànyǔ	名	7
好	hǎo	形	1
好吃	hǎochī	形	12
好看	hǎokàn	形	15
号	hào	量	9
号	hào	名	13
号（日）	hào (rì)	量	2
号码	hàomǎ	名	14
喝	hē	动	11
和	hé	连	7
很	hěn	副	1
护士	hùshi	名	7
花	huā	动	14
花（儿）	huā (r)	名	8
划	huá	动	17
欢迎	huānyíng	动	9
换	huàn	动	13
回	huí	动	5
会	huì	能愿/动	13
火车	huǒchē	名	18

		J			九	jiǔ	数	2
机场	jīchǎng		名	17	酒	jiǔ	名	16
……极了	……jí le			12	酒吧	jiǔbā	名	5
几	jǐ		代	6	就	jiù	副	10
寄	jì		动	19	橘子	júzi	名	11
家	jiā		名	5	句	jù	量	19
价钱	jiàqian		名	16			**K**	
件	jiàn		量	12	咖啡	kāfēi	名	18
健康	jiànkāng		形	20	卡	kǎ	名	13
交	jiāo		动	15	开	kāi	动	18
饺子	jiǎozi		名	20	看	kàn	动	5
叫	jiào		动	4	考试	kǎo shì		17
教室	jiàoshì		名	5	烤鸭	kǎoyā	名	16
接	jiē		动	17	可以	kěyǐ	能愿	12
结婚	jié hūn			7	刻	kè	量	8
姐姐	jiějie		名	3	客气	kèqi	形	19
介绍	jièshào		动	5	口	kǒu	量	7
斤	jīn		量	11	块（元）	kuài (yuán)	量	11
今年	jīnnián		名	3	快	kuài	形	14
今天	jīntiān		名	2	快递	kuàidì	名	16
进	jìn		动	5			**L**	
近	jìn		形	10	来	lái	动	1
京剧	jīngjù		名	16	老师	lǎoshī	名	2
经理	jīnglǐ		名	19	了	le	助	7

累	lèi	形	3	贸易	màoyì	名	18
冷	lěng	形	12	没有	méiyǒu	动	7
离	lí	动	10	美元	měiyuán	名	14
礼物	lǐwù	名	19	妹妹	mèimei	名	3
里	li	名	14	名菜	míng cài		16
练习	liànxí	名/动	16	名字	míngzi	名	4
两	liǎng	数	7	明年	míngnián	名	3
辆	liàng	量	20	明天	míngtiān	名	3
○（零）	líng	数	3	**N**			
留学生	liúxuéshēng	名	4	拿	ná	动	15
六	liù	数	2	哪儿	nǎr	代	5
楼	lóu	名	9	那	nà	代	4
录音	lùyīn	名	11	那儿	nàr	代	10
路	lù	名	13	南边	nánbian	名	10
路	lù	名	9	呢	ne	助	3
M				能	néng	能愿	14
妈妈	māma	名	1	你	nǐ	代	1
麻烦	máfan	动/形/名	19	你好	nǐ hǎo		1
吗	ma	助	1	你们	nǐmen	代	1
买	mǎi	动	6	年	nián	名	3
慢	màn	形	19	念	niàn	动	14
忙	máng	形	3	您	nín	代	2
毛（角）	máo (jiǎo)	量	11	**P**			
毛衣	máoyī	名	12	旁边	pángbiān	名	9

朋友	péngyou	名	4		日语	Rìyǔ	名	7
啤酒	píjiǔ	名	18		**S**			
便宜	piányi	形	11		三	sān	数	2
苹果	píngguǒ	名	11		商店	shāngdiàn	名	5
瓶	píng	名	11		上	shàng	名	17
Q					上课	shàng kè		7
七	qī	数	2		上网	shàng wǎng		7
骑	qí	动	17		上午	shàngwǔ	名	6
起	qǐ	动	8		少	shǎo	形	12
起飞	qǐfēi	动	18		谁	shéi / shuí	代	5
签	qiān	动	14		身体	shēntǐ	名	2
前	qián	名	10		什么	shénme	代	4
前边	qiánbian	名	10		生词	shēngcí	名	12
钱	qián	名	11		生活	shēnghuó	动/名	20
钱包	qiánbāo	名	13		生日	shēngrì	名	6
请	qǐng	动	5		十	shí	数	2
请问	qǐngwèn	动	10		时候	shíhou	名	8
去	qù	动	5		时间	shíjiān	名	14
去年	qùnián	名	17		食堂	shítáng	名	8
R					事	shì	名	16
热	rè	形	19		试	shì	动	12
人	rén	名	4		是	shì	动	4
人民币	rénmínbì	名	14		收	shōu	动	16
认识	rènshi	动	4		手机	shǒujī	名	7

售货员	shòuhuòyuán	名	11	听	tīng	动	5
书	shū	名	6	听说	tīngshuō	动	14
书店	shūdiàn	名	6	通	tōng	动	15
数	shǔ	动	14	投币	tóu bì		13
数	shù	名	14				

W

刷	shuā	动	13	外边	wàibian	名	19
水	shuǐ	名	8	外卖	wàimài	名	12
睡	shuì	动	20	完	wán	动	15
睡觉	shuì jiào		8	玩儿	wánr	动	9
顺利	shùnlì	形	19	晚	wǎn	形	20
说	shuō	动	13	晚点	wǎn diǎn		18
四	sì	数	2	晚饭	wǎnfàn	名	8
送	sòng	动	19	晚上	wǎnshang	名	6
宿舍	sùshè	名	5	网	wǎng	名	7
岁	suì	量	6	网球	wǎngqiú	名	8

T

				往	wǎng	介/动	10
他	tā	代	1	微信	wēixìn	名	6
他们	tāmen	代	1	为……	wèi……		20
她	tā	代	1	干杯	gān bēi		
太	tài	副	3	为什么	wèi shénme		18
天	tiān	名	12	问	wèn	动	9
天气	tiānqì	名	17	我	wǒ	代	1
挑	tiāo	动	15	我们	wǒmen	代	1
条	tiáo	量	17	五	wǔ	数	2

午饭	wǔfàn	名	8		休息	xiūxi	动	5
	X				学	xué	动	17
西边	xībian	名	10		学生	xuésheng	名	4
洗	xǐ	动	20		学习	xuéxí	动	7
喜欢	xǐhuan	动	20		学校	xuéxiào	名	9
下	xià	名	17			**Y**		
下课	xià kè		7		演	yǎn	动	16
下午	xiàwǔ	名	6		要……了	yào……le		18
先	xiān	副	18		也	yě	副	1
先生	xiānsheng	名	19		一	yī	数	2
鲜花儿	xiānhuār	名	15		一点儿	yìdiǎnr	数量	13
现在	xiànzài	名	8		一会儿	yíhuìr	数量	18
线	xiàn	名	13		一起	yìqǐ	副	9
想	xiǎng	动/能愿	12		一下儿	yíxiàr	数量	5
像	xiàng	动	20		一样	yíyàng	形	20
小	xiǎo	形	12		衣服	yīfu	名	12
谢谢	xièxie	动	2		以后	yǐhòu	名	16
辛苦	xīnkǔ	形	18		以前	yǐqián	名	19
新	xīn	形	15		音乐	yīnyuè	名	6
星期	xīngqī	名	6		银行	yínháng	名	7
星期天（星期日）	xīngqītiān (xīngqīrì)	名	6		饮料	yǐnliào	名	18
					英语	Yīngyǔ	名	7
行	xíng	动/形	16		应该	yīnggāi	能愿	16
姓	xìng	动/名	4		营业员	yíngyèyuán	名	14

邮局	yóujú	名	9
友谊	yǒuyì	名	20
有	yǒu	动	7
有意思	yǒu yìsi		16
鱼	yú	名	20
愉快	yúkuài	形	20
远	yuǎn	形	10
月	yuè	名	3

Z

杂技	zájì	名	16
再	zài	副	12
再见	zàijiàn	动	2
在	zài	动/介	5
早	zǎo	形	2
早饭	zǎofàn	名	8
早上	zǎoshang	名	8
怎么	zěnme	代	10
怎么样	zěnmeyàng	代	12
站	zhàn	名	13
找	zhǎo	动	9
照	zhào	动	15
照片	zhàopiàn	名	20
照相	zhào xiàng		15
照相机	zhàoxiàngjī	名	15

这	zhè	代	4
这儿	zhèr	代	10
这样	zhèyàng	代	14
真	zhēn	形/副	15
知道	zhīdao	动	9
职员	zhíyuán	名	7
种	zhǒng	量	11
住	zhù	动	9
自行车	zìxíngchē	名	17
走	zǒu	动	10
最	zuì	副	17
昨天	zuótiān	名	6
坐	zuò	动	10
做	zuò	动	6

专名　Noms propres

百货大楼	Bǎihuò Dàlóu	10
北京	Běijīng	9
北京大学	Běijīng Dàxué	5
北京饭店	Běijīng Fàndiàn	9
北京语言大学	Běijīng Yǔyán Dàxué	7
长城	Chángchéng	8
大卫	Dàwèi	1
东京	Dōngjīng	15
法国	Fǎguó	13
韩国	Hánguó	13
（可口）可乐	(Kěkǒu-) kělè	11
李	Lǐ	2
刘京	Liú Jīng	1
玛丽	Mǎlì	1
美国	Měiguó	4
清华大学	Qīnghuá Dàxué	9
人民剧场	Rénmín Jùchǎng	16
日本	Rìběn	13
山下和子	Shānxià Hézǐ	5
上海	Shànghǎi	9
天安门	Tiān'ānmén	10
王	Wáng	2
王府井	Wángfǔjǐng	10
王兰	Wáng Lán	1
王林	Wáng Lín	5
西单	Xīdān	13
小英	Xiǎoyīng	5
学院路	Xuéyuàn Lù	9
英国	Yīngguó	13
张	Zhāng	2
张丽英	Zhāng Lìyīng	6

法文注释本
Version française-chinoise

第四版
4ème édition

汉语会话 301 句 练习册
上册

301 PHRASES: CONVERSATIONS EN CHINOIS
(LIVRE D'EXERCICES)

Volume 1

康玉华　来思平　编著
Auteurs: Kang Yuhua et Lai Siping

北京大学出版社
PEKING UNIVERSITY PRESS

前　言

　　本书是为《汉语会话301句》课本编写的练习册，分上、下两册，各二十课。上册每课后附汉字笔顺表。每册后附练习参考答案，并有一份试卷，供学习者自测。

　　本练习册既适用于自学，也可用于教师课堂教学或作为学生的家庭作业。

　　本练习册集中选用了教学实践中多种行之有效的操练方法，并结合多样的测试形式，多角度地进行全面操练，纠正初学者易出现的错误。从词语的搭配，到不同语境中语言结构的变换以及阅读理解等方面，促使学习者逐渐横向扩展语言的运用范围，引导他们提高理解和应用汉语的能力。

　　希望通过这样的练习，能帮助初学者较快地、全面牢固地掌握基础汉语，并为进一步提高汉语水平打下坚实的基础。

编者

2021 年 4 月

目 录

01	问候（1）	你好	1
02	问候（2）	你身体好吗	5
03	问候（3）	你工作忙吗	11
04	相识（1）	您贵姓	16
05	相识（2）	我介绍一下儿	22
06	询问（1）	你的生日是几月几号	28
07	询问（2）	你家有几口人	34
08	询问（3）	现在几点	41
09	询问（4）	你住在哪儿	47
10	询问（5）	邮局在哪儿	53
11	需要（1）	我要买橘子	59
12	需要（2）	我想买毛衣	67
13	需要（3）	要换车	73
14	需要（4）	我要去换钱	80
15	需要（5）	我要照张相	86
16	相约（1）	你看过京剧吗	92
17	相约（2）	去动物园	100

18	迎接（1）	路上辛苦了	106
19	迎接（2）	欢迎你	112
20	招待	为我们的友谊干杯	118

测验（01—20课） ... 125

参考答案 ... 130

问候（1）

01 你 好
Bonjour

一 把下面的三组声母补充完整 Complétez les trois groupes de consonnes suivants

1. b _____ _____ _____
2. d _____ _____ _____
3. g _____ _____

二 选择正确的读音，在括号内画"√" Sélectionnez la prononciation correcte en plaçant «√» entre les parenthèses

1. 我们 A. wǒmen （ ）   2. 他们 A. tǎmen （ ）
       B. wòmen （ ）   B. tāmen （ ）

3. 都   A. dǒu   （ ）   4. 来   A. lán   （ ）
       B. dōu   （ ）   B. lái   （ ）

5. 妈妈 A. māma （ ）   6. 爸爸 A. bǎba （ ）
       B. mǎma （ ）   B. bàba （ ）

三 找出三声变为二声的音节，在音节下画"____" Trouvez les syllabes qui changent du 3ème ton au 2ème et soulignez-les

1. nǐ hǎo   2. lǎolao   3. gǎnmào   4. lǎohǔ
5. dàmǐ   6. wǒ lái   7. wǔdǎo   8. bǎnběn

四 找出变为半三声的音节，在音节下画"____" Trouvez les syllabes contenant le 3ème ton « incomplet » et soulignez-les

1. nǐmen   2. bǎoliú   3. fǎlǜ   4. mǎhu
5. niúnǎi   6. dānbǎo   7. měicān   8. mángguǒ

五 给下面的词语注音 Écrivez les mots suivants en *pinyin*

1. 好_____ 2. 吗_____ 3. 也_____ 4. 都_____

5. 来_____ 6. 她_____ 7. 我们_____ 8. 你们_____

六 完成对话 Complétez les conversations suivantes

1. A：_____！
   B：你好！

2. A：你的爸爸_____？
   B：他来。

3. A：你的妈妈_____？
   B：她很好。

4. A：你爸爸妈妈_____？
   B：他们都很好。

七 根据拼音写汉字 Écrivez les caractères selon les *pinyin*

1. bàba _____   2. māma _____
3. dōu _____   4. lái _____
5. tāmen _____ 6. yě _____
7. wǒ _____   8. ma _____

八 写出含有偏旁"也"的两个汉字并注音 Écrivez deux caractères chinois avec la clé de «也» et leur *pinyin*

1. _____（   ）   2. _____（   ）

01 你 好

| 九 | 交际练习 | Exercices de communication |

你遇见（yùjiàn，rencontrer）大卫，问候（wènhòu，saluer）他。
Tu rencontres David et tu le salues.

汉字笔顺表

⑧ 好 hǎo 女 + 子

⑨ 很 hěn 彳 + 艮

⑩ 来 lái

⑪ 我 wǒ

⑫ 都 dōu 者（耂 + 日）+ 阝

⑬ 爸 bà 父 + 巴

问候（2）

02 你身体好吗

Comment vas-tu?

一 把下面的三组声母补充完整　Complétez les trois groupes de consonnes suivants

1. j _____　_____
2. z _____　_____
3. zh _____　_____

二 找出加写或改写为"y""w"的音节，在音节下画"____"　Trouvez les syllabes qui ont été ajoutées ou réécrites en « y » « w » et soulignez-les

1. yě　　2. nǐmen　　3. wǔ ge　　4. shēntǐ　　5. tiào wǔ
6. yìqǐ　7. zàijiàn　8. fēnbǐ　　9. wūyā　　10. yǒuyì

三 选择正确的读音　Sélectionnez la prononciation correcte

例：来（③）　①léi　②lài　③lái　④lèi

(　) 1. 五　　①ú　　②wú　　③wù　　④wǔ
(　) 2. 八　　①bā　　②pā　　③bà　　④pá
(　) 3. 九　　①jiù　　②jí　　③qiǔ　　④jiǔ
(　) 4. 早　　①zāo　　②zǎo　　③zuò　　④zào
(　) 5. 身体　①shěn tí　②shēntǐ　③shì nǐ　④shěntì
(　) 6. 谢谢　①xiéxie　②xiēxie　③xièxie　④xièxiè
(　) 7. 再见　①sàijiàn　②zāijiàn　③zàijiǎn　④zàijiàn
(　) 8. 老师　①lǎoshī　②lǎo sǐ　③làoshī　④láoshí

四　给下面的词语注音　Écrivez les mots suivants en *pinyin*

1. 四＿＿＿＿　2. 十＿＿＿＿　3. 五＿＿＿＿　4. 六＿＿＿＿

5. 九＿＿＿＿　6. 您＿＿＿＿　7. 今天＿＿＿＿　8. 号＿＿＿＿

五　完成对话　Complétez les conversations suivantes

1. A、B：＿＿＿＿＿＿＿＿＿＿＿＿！（早）

   老师：＿＿＿＿＿＿＿＿＿＿＿＿！

   　A：＿＿＿＿＿＿＿＿＿＿＿＿＿＿＿＿？（身体）

   老师：＿＿＿＿＿＿＿＿＿＿，＿＿＿＿＿＿＿＿＿＿！（很　谢谢）

   ＿＿＿＿＿＿＿＿＿＿＿＿？（你们　好）

   A、B：＿＿＿＿＿＿＿＿＿＿＿＿＿＿。（都）

2. A：王兰，＿＿＿＿＿＿＿＿＿＿！

   B：你好！

   A：你妈妈＿＿＿＿＿＿＿＿＿＿＿？

   B：她身体＿＿＿＿＿＿＿＿＿。（很）

   A：今天她＿＿＿＿＿＿＿＿＿？

   B：她来。

   A：你爸爸＿＿＿＿＿＿＿＿＿？（也）

   B：来，他们今天＿＿＿＿＿＿＿＿＿。（都）

六　组词成句　Faites des phrases avec les mots suivants

例：　很　好　我　→　我很好。

1. 身体　我　好　很

   →＿＿＿＿＿＿＿＿＿＿＿＿＿＿＿＿＿＿＿＿

02 你身体好吗

2. 今天　爸爸　来　妈妈　都

→ _____

3. 身体　他们　吗　好　都

→ _____

4. 您　老师　早

→ _____

七　根据拼音写汉字 Écrivez les caractères chinois à partir des *pinyin* donnés

1. Lǎoshī, nín hǎo!　　　_____

2. Xièxie nǐmen!　　　　 _____

3. Shēntǐ hěn hǎo.　　　 _____

4. Bàbamāma zàijiàn!　　_____

八　写出含有偏旁"亻"的汉字 Écrivez des caractères chinois avec le radical «亻»

　　　　nǐ　　　　　　nǐmen　　　　　　tā　　　　　　tǐ

1. _____好　　2. _____　　3. _____来　　4. 身_____

九　交际练习 Exercices de communication

你第一次见老师，询问老师的姓名和身体情况（qíngkuàng, situation）。
C'est la première fois que tu vois un professeur. Demande-lui son nom et son état de santé.

汉字笔顺表

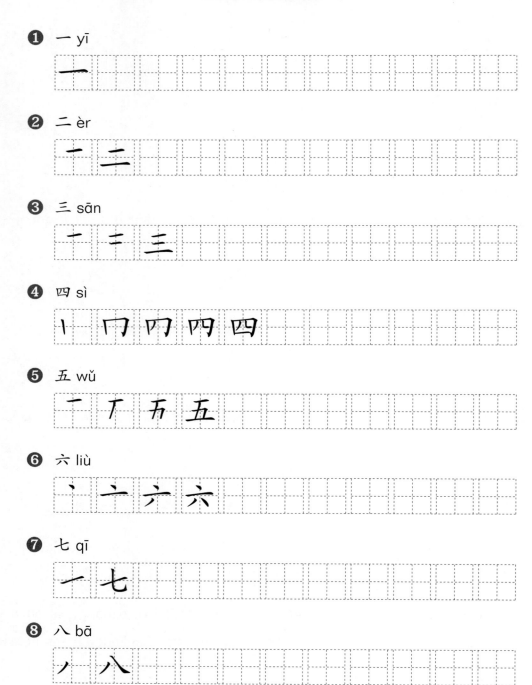

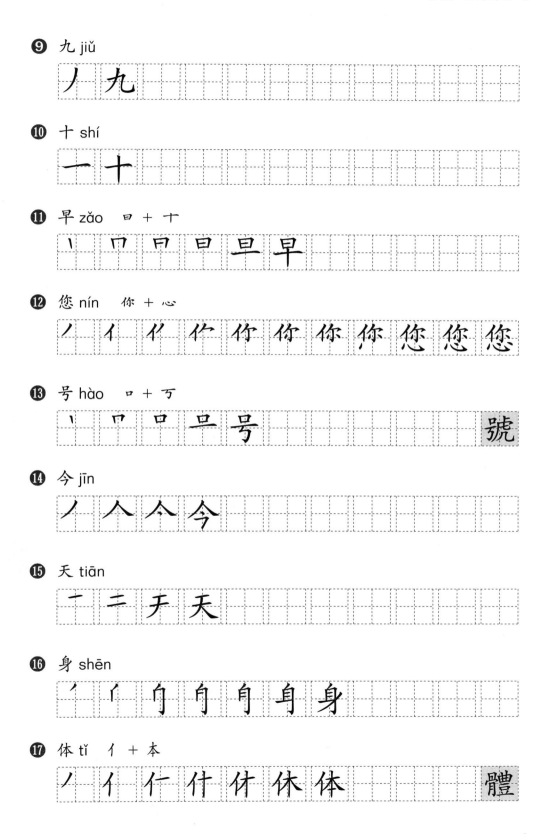

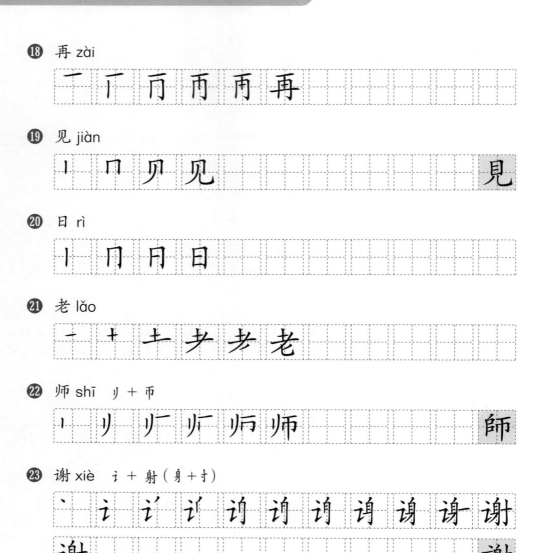

问候（3）

03 你工作忙吗

Es-tu beaucoup pris par ton travail?

一 把下面的六组声母补充完整 Complétez les six groupes de consonnes suivants

1. b _____   2. d _____
3. g _____   4. j _____
5. z _____   6. zh _____

二 找出有"ü"的音节，在音节下画"____" Trouvez les syllabes avec «ü» et soulignez-les

1. yuànzi   2. nǔlì   3. xiǎoyǔ   4. jùzi
5. chūfā   6. xuéxí   7. yīnyuè   8. túshū
9. qǔzi   10. juédìng   11. lùdēng   12. dìqū

三 在"不"和"一"的上边标上声调 Mettez les tons sur «不» et «一»

不
1. 不好   2. 不来   3. 不累
4. 不太忙   5. 不是（shì）   6. 不高（gāo）
7. 不谢   8. 不太累

一
1. 一起（qǐ）   2. 一天（tiān）   3. 一块（kuài）
4. 一毛（máo）   5. 一早（zǎo）   6. 一般（bān）
7. 一年（nián）   8. 一会儿（huìr）

汉语会话 301 句·法文注释本（第四版） 练习册 上册

四　给下面的词语注音　Écrivez les mots suivants en *pinyin*

1. 哥哥_____　弟弟_____　姐姐_____　妹妹_____
2. 年_____　月_____　日_____　号_____
3. 今天_____　明天_____　今年_____　明年_____

五　完成对话　Complétez les conversations suivantes

1. A：我_____，_____？（呢）
   B：我身体也很好，谢谢！

2. A：今天 10 月 31 号吗？
   B：不，_____。（11.1）

3. A：明年你哥哥来，你_____？（呢）
   B：我妹妹工作很忙，她不来。

4. A：明天你爸爸妈妈来吗？
   B：我爸爸_____，我妈妈_____。（不）

5. A：我工作很忙，也很累，_____？
   B：我_____。（不　太）

六　给括号内的词找到适当的位置　Trouvez la bonne position pour les mots entre parenthèses

1. A 他们 B 身体 C 很好 D。　　　　　　（都）
2. 哥哥 A 不工作，B 姐姐 C 不 D 工作。　（也）
3. A 他们 B 工作 C 很忙，D 很累。　　　（也）
4. A 爸爸 B 妈妈 C 身体 D 好吗？　　　　（你）

七 根据拼音写汉字　Écrivez les caractères chinois à partir des *pinyin*

1. Wǒ gēge dìdi míngnián dōu lái.
   _____

2. Tā bàbamāma shēntǐ bú tài hǎo.
   _____

八 写出含有偏旁"女"的汉字　Écrivez des caractères chinois avec le radical «女»

　　　　hǎo　　　　tā　　　　māma　　　　jiějie　　　　mèimei
1. 你____　2. ____来　3. _____　4. _____　5. _____

九 交际练习　Exercices de communication

你问候朋友最近的工作情况。
Demande à ton ami la situation récente de son travail.

汉字笔顺表

❶ 工 gōng

一　丅　工

❷ 作 zuò　亻 + 乍

丿　亻　亻　仃　作　作　作

03 你工作忙吗

⑫ 弟 dì

⑬ 姐 jiě　女 + 且

⑭ 妹 mè　女 + 未

⑮ 零 líng　雨 + 令

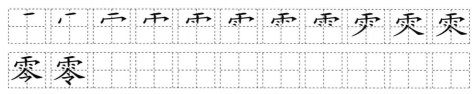

相识（1）

04 您贵姓
Quel est votre nom de famille?

一 给下面的词语注音 Écrivez les mots suivants en *pinyin*

1. 姓_____ 2. 叫_____ 3. 是 _____

4. 不_____ 5. 太_____ 6. 高兴_____

7. 很_____ 8. 都_____ 9. 也_____

二 用上面的词语填空 Remplissez les trous avec les mots ci-dessus

他_____大卫。他_____是老师，_____不是大夫，他_____学生。他_____美国人。他_____太忙，也_____太累。

她_____张，她_____老师。她_____忙，_____很累。他们_____是我朋友。我认识他们很_____。

三 组词成句（有的词可以用两次） Formulez des phrases (certains mots peuvent être utilisés deux fois)

1. 是 他 弟弟 大夫

   _____

2. 叫 他 名字 什么

   _____

3. 身体 妹妹 我 好 很

   _____

4. 不　老师　学生　我　是

　　_____

四 完成对话　Complétez les conversations suivantes

1. A：_____？（姐姐）

   B：她叫兰兰（Lánlan）。

   A：她_____？（学生）

   B：她是学生。

2. A：_____？

   B：他姓王。

   A：_____？

   B：他不是老师，是大夫。

3. A：你_____？（弟弟）

   B：我认识你弟弟。_____？

   A：他今天不来，明天来。

4. A：_____？

   B：我不认识那个人。

   _____？（呢）

   A：我也不认识。

五 把下面的句子改成疑问句　Transformez les phrases suivantes en phrases interrogatives

1. 她叫王兰。→ _____

2. 我姓张。→ _____

3. 我不是美国人。→ _____

4. 他是美国留学生。→ _____

5. 我不认识那个学生。→ _____

6. 他很忙。→ _____

7. 她不是我朋友，是我妹妹。→ _____

8. 我不太累。→ _____

六　改错句　Corrigez les erreurs

1. 他是累。→ _____

2. 她姓张老师。→ _____

3. 我是美国人留学生。→ _____

4. 他贵姓？→ _____

5. 都三个人是学生。→ _____

七　根据拼音写汉字　Écrivez les caractères chinois à partir des *pinyin* donnés

我_____（rènshi）大卫，他是_____（xuésheng）。认识他我_____（hěn）_____（gāoxìng）。他爸爸妈妈_____（shēntǐ）都很好，_____（gōngzuò）_____（yě）很忙。

八　写出含有偏旁"口"的汉字　Écrivez les caractères avec le radical «口»

　　　　ma　　　　　　ne　　　　　　jiào　　　　　　míng

1. 好____　　2. 你____　　3. ____什么　　4. ____字

九 交际练习　Exercices de communication

你询问同学的姓名、身体、学习情况。
Demande à tes camarades son nom, son état de santé et ses études.

汉字笔顺表

04 您贵姓

⑰ 名 míng 夕 + 口

⑱ 字 zì 宀 + 子

⑲ 这 zhè 辶 + 文

⑳ 那 nà 月 + 阝

㉑ 是 shì 日 + 疋

㉒ 贵 guì 中 + 一 + 贝

㉓ 留 liú 卯 + 田

相识（2）

05 我介绍一下儿

Permettez-moi de vous présenter

一 给下面的词语注音　Écrivez les mots suivants en *pinyin*

1. 也 _____　　2. 是 _____　　3. 回 _____

4. 的 _____　　5. 在 _____　　6. 看 _____

7. 认识_____　　8. 介绍_____　　9. 一下儿_____

二 用上面的词语填空　Remplissez les trous avec les mots ci-dessus

你们都不_____她，我_____ _____。❶ 她姓林（Lín）。❷ 她_____我姐姐_____好朋友，_____ _____我_____朋友。她_____北京人。❸ 她爸爸妈妈_____家_____北京。❹ 她_____上海（Shànghǎi）工作。她_____大学老师，工作很忙，_____很累。今天是十月一日，都休息，❺ 她_____北京_____她爸爸妈妈，_____来_____我们。

三 用"什么、哪儿、谁"把上面带序号的句子改成疑问句　Remplacez les phrases 1 à 5 ci-dessus (dans l'exercice 2) par des phrases interrogatives en utilisant «什么, 哪儿» et «谁»

1. _____

2. _____

3. _____

05 我介绍一下儿

4. _____

5. _____

四 完成对话　Complétez les conversations suivantes

1. A：_____？

   B：我不去超市，我回宿舍。_____？（哪儿）

   A：我去朋友家。

2. A：_____？

   B：他不在大卫的宿舍。

   A：_____？

   B：他在教室。

3. A、B：我们去商店，_____？（吗）

   C：不去，我很累，想回家休息。

4. A：_____？（王兰）

   B：在。玛丽，请进！

   A：_____！

   B：不谢。

5. A：_____？（爸爸）

   B：他工作。

   A：_____？（也）

   B：不，她身体不太好，在家休息。

五 改错句　Corrigez les phrases suivantes

1. 我去家。→ _____

2. 谁是他？→ _____

3. 他不是北京的人。→ _____

4. 我不认识那个留学生美国的。→ _____

六 根据拼音写汉字　Écrivez les caractères chinois à partir des *pinyin* donnés

1. zài sùshè _____　2. lái jiàoshì _____

3. qù shāngdiàn _____　4. qǐng jìn _____

5. zài jiā xiūxi _____

七 写出含有偏旁"讠"的汉字　Écrivez les caractères chinois avec le radical «讠»

　　　　xièxie　　　　rènshi　　　　shéi　　　　qǐng

1. _____　2. _____　3. 是_____　4. _____问

八 交际练习　Exercices de communication

与同学们互相（hùxiāng，mutuellement）介绍自己。
Toi et tes camarades, vous vous présenter mutuellement.

汉字笔顺表

❶ 下 xià

一 丅 下

05 我介绍一下儿

❷ 儿 ér
丿 儿 兒

❸ 回 huí 囗 + 口
丨 冂 冂 回 回 回

❹ 介 jiè 人 + 儿
丿 入 介 介

❺ 绍 shào 纟 + 召
㇀ 幺 纟 纠 绍 绍 绍 紹

❻ 去 qù
一 十 土 去 去

❼ 在 zài
一 ナ 疒 右 在 在

❽ 听 tīng 口 + 斤
丨 冂 口 吖 听 听 听 聽

❾ 吧 ba 口 + 巴
丨 冂 口 吗 吧 吧 吧

❿ 哪 nǎ 口 + 那(月+阝)
丨 冂 口 吗 吗 吗 哪 哪 哪

⑪ 的 de 白 + 勺

⑫ 家 jiā 宀 + 豕

⑬ 进 jìn 辶 + 井

⑭ 休 xiū 亻 + 木

⑮ 息 xī 自 + 心

⑯ 请 qǐng 讠 + 青

⑰ 谁 shéi 讠 + 隹

⑱ 看 kàn 手 + 目

⑲ 商 shāng

㉕ 店 diàn　广 + 占

㉑ 宿 sù　宀 + 佰（亻+ 百）

㉒ 舍 shè　人 + 舌

㉓ 教 jiào　孝 + 攵

㉔ 室 shì　宀 + 至

㉕ 酒 jiǔ　氵+ 酉

㉖ 超 chāo　走 + 召

㉗ 市 shì

询问（1）

06 你的生日是几月几号

Quelle est la date de ton anniversaire?

一 给下面的词语注音，并根据1完成2、3题　Écrivez les mots suivants en *pinyin* et suivez l'exemple 1 pour former les phrases 2 et 3

1. 今天（2021年）9月25日（号）星期日。
   _____

2. 明天
   _____

3. 昨天
   _____

二 填空（把数字、日期写成汉字）　Complétez le texte (écrivez les chiffres et les dates en caractères chinois)

❶今天_____（9.30）。❷今天_____我朋友_____生日。❸我朋友_____大卫。他_____美国留学生。他今年_____（20）岁。❹我们三_____人都_____大卫_____好朋友。❺今天下午我们_____去商店买东西。❻晚上_____去大卫_____宿舍_____他。

三 用"几、哪儿、谁、什么"把上面带序号的句子改成疑问句
Remplacez les phrases 1 à 6 ci-dessus (dans l'exercice 2) par des phrases interrogatives, en utilisant «几, 哪儿, 谁, 什么»

1. _____

2. _____

3. _____

4. _____

5. _____

6. _____

四 完成对话 Complétez les conversations suivantes

1. A：_____？（明天晚上）

   B：我看书，_____？（呢）

   A：在家听音乐。

2. A：今天晚上我去酒吧，_____？（什么）

   B：看电视。

3. A：明天下午我们去买东西，_____？

   B：我不去，我朋友来看我。

4. A：这个星期你去王兰家吗？

   B：我不去，_____。（忙）

五 改错句 Corrigez les phrases

1. 2020 年 25 号 3 月我在北京工作。

   → _____

2. 明天十一点上午他们超市买东西。

   → _____

3. 他这个星期六十二号来我家玩儿。

　　→ _____

4. 我在宿舍昨天下午休息。

　　→ _____

5. 他看书在家昨天晚上。

　　→ _____

六　根据拼音写汉字　Écrivez les caractères chinois à partir des *pinyin* donnés

1. qù chāoshì mǎi dōngxi _____

2. zài sùshè tīng yīnyuè _____

3. xīngqītiān xiūxi _____

4. wǎnshang kàn diànshì _____

七　写出动词　Ajoutez les verbes appropriés

1. ____书　　2. ____音乐　　3. ____东西　　4. ____家

5. ____微信　6. ____朋友　　7. ____电影　　8. ____商店

9. ____宿舍　10. ____什么　 11. ____书店　 12. ____酒吧

八　写出带有偏旁"日"的汉字　Écrivez les caractères chinois avec le radical «日»

　　míng　　　　zuó　　　　wǎn　　　　xīng

1. ____天　　2. ____天　　3. ____上　　4. ____期

　　shì　　　　　yīn

5. ____他　　6. ____乐

九 交际练习 Exercices de communication

说说今天、明天你的计划（jìhuà，plan）。
Parle de tes plans pour aujourd'hui et demain.

> **你想想**
>
> "大"有两个读音，你能写出两个含有不同读音的"大"字的词吗？

汉字笔顺表

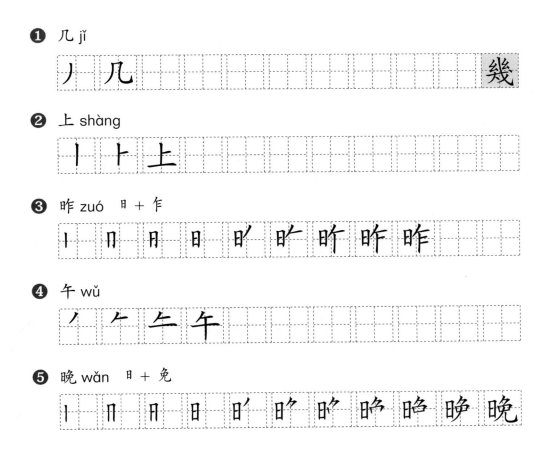

⑮ 西 xī

⑯ 星 xīng 日+生

⑰ 期 qī 其+月

⑱ 岁 suì 山+夕

⑲ 影 yǐng 景(日+京)+彡

⑳ 微 wēi 彳+散+攵

㉑ 店 diàn 广+占

询问（2）

07 你家有几口人
Combien êtes-vous dans la famille?

一 给下面的词语注音　Écrivez les mots suivants en *pinyin*

1. 结婚_____　　2. 职员_____　　3. 银行_____

4. 孩子_____　　5. 学习_____　　6. 有_____

7. 没_____　　8. 和_____　　9. 课_____

二 用上面的词语填空　Complétez le texte avec les mots ci-dessus

❶尼娜（Nínà, Nina）家_____五口人，爸爸、妈妈、哥哥、姐姐_____她。❷她哥哥是_____，在_____工作。❸他____了，❹有一个_____。❺她姐姐_____结婚，是大学生，在大学_____英语。❻尼娜也是大学生，她不学习英语，她_____汉语。她很忙。❼今天_____课。❽她去大学上_____。

三 把上面带序号的句子改成疑问句　Remplacez les phrases ci-dessus par des phrases interrogatives

1. _____

2. _____

3. _____

4. _____

5. _____

6. _____

7. _____

8. _____

四 组词成句 Faites des phrases avec les mots suivants

1. 在 我 宿舍 音乐 听

   _____

2. 休息 我 家 在

   _____

3. 教室 上 汉语 他们 课 在

   _____

4. 商店 东西 他 买 在

   _____

五 完成对话 Complétez les conversations suivantes

1. A：下课了，你做什么？

   B：我_____。（回 休息）

2. A：_____？

   B：我是老师，_____。（在）

3. A：_____？

   B：他们没结婚。

4. A：_____？

   B：我妹妹不工作，她是学生。

5. A：_____？

   B：我、爸爸、妈妈、一个姐姐和两个弟弟。

六 用"不"或"没"填空　Remplissez les trous avec «不» ou «没»

1. 她妈妈身体很_____好。

2. 他_____哥哥，也_____姐姐。

3. 他是学生，他_____工作。

4. 他_____在教室，在宿舍。

5. 他_____姓张，他姓王。

6. 我_____英语书。

7. 明天我_____去他家。

8. 昨天我_____买东西。

七 根据拼音写汉字　Écrivez les caractères chinois à partir des *pinyin* donnés

1. Tāmen jīnnián èryuè jié hūn le.

   _____

2. Tā yǒu liǎng ge háizi.

   _____

3. Wǒ míngtiān qù chāoshì mǎi dōngxi.

   _____

八 写出含有偏旁"月"或"宀"的汉字　Écrivez les caractères chinois avec le radical «月» ou «宀»

míng	péng	nǎo	jiā
1. ___天	2. ___友	3. 电___	4. 我___

zì	shì	sù
5. 汉___	6. 教___	7. ___舍

九 交际练习　Exercices de communication

请你介绍自己的家庭情况。
Décris ta situation familiale.

你想想

"两个月"是一个什么字？

汉字笔顺表

❶ 口 kǒu

丨 冂 口

❷ 了 le

了 了

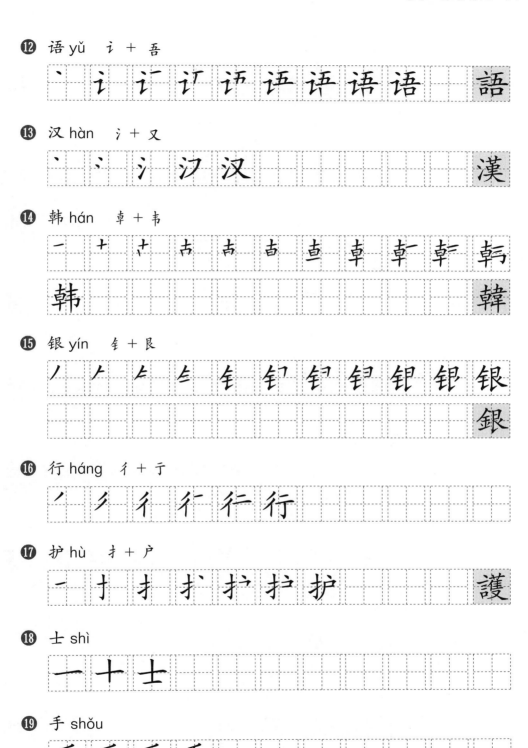

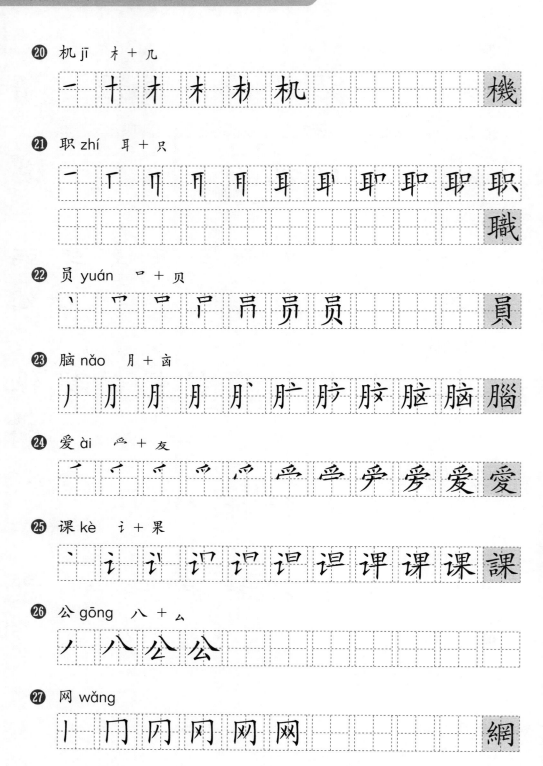

询问（3）

08 现在几点

Quelle heure est-il maintenant?

一 根据提供的时间和词语完成句子 Faites des phrases avec les heures et les mots donnés

例： 20:30 看电视 → 我晚上八点半看电视。

1. 7:00 起床 → _____

2. 7:15 吃早饭 → _____

3. 12:00 吃午饭 → _____

4. 19:30 看电视 → _____

5. 23:50 睡觉 → _____

二 完成对话 Complétez les conversations suivantes

1. A：_____？（吃饭）

   B：十二点一刻。

2. A：_____？（去上海）

   B：明年一月去上海。

3. A：你在哪儿上网？

   B：_____。（家）

   A：_____？

   B：晚上九点半。

4. A：＿＿＿＿＿＿＿＿＿＿＿＿＿＿？（今天）

   B：不，我不去打网球。

   A：＿＿＿＿＿＿＿＿＿＿＿＿＿＿？（在家）

   B：看电视。

三 给括号内的词语找到适当的位置　Placez les mots entre parenthèses au bon endroit

1. 我 A 今天 B 晚上 C 睡觉 D。　　　　　　　　　（十一点半）
2. A 明天 B 上午 C 去花店（huādiàn，fleuriste）　（九点）
   D 买花儿。
3. A 他 B 明天上午 C 上课 D。　　　　　　　　　（在教室）
4. A 今天 B 晚上 C 我看电视 D。　　　　　　　　（八点一刻）

四 改错句　Corrigez les phrases suivantes

1. 我不有电脑。　→ ＿＿＿＿＿＿＿＿＿＿＿＿＿＿＿＿
2. 明天我没去商店。→ ＿＿＿＿＿＿＿＿＿＿＿＿＿＿＿＿
3. 他们没结婚了。　→ ＿＿＿＿＿＿＿＿＿＿＿＿＿＿＿＿
4. 他起床七点。　→ ＿＿＿＿＿＿＿＿＿＿＿＿＿＿＿＿
5. 我吃饭在食堂。→ ＿＿＿＿＿＿＿＿＿＿＿＿＿＿＿＿

五 根据拼音写汉字　Écrivez les caractères chinois à partir des *pinyin* donnés

1. qù shuì jiào ＿＿＿＿＿　　2. kàn diànyǐng ＿＿＿＿＿
3. chī fàn ＿＿＿＿＿　　　　4. mǎi huār ＿＿＿＿＿
5. dǎ wǎngqiú ＿＿＿＿＿　　6. huí sùshè ＿＿＿＿＿

08 现在几点

六 写出动词的宾语　Ajoutez les compléments d'objet appropriés aux verbes suivants

1. 吃_____　　2. 打_____　　3. 听_____

4. 做_____　　5. 买_____　　6. 看_____

7. 回_____　　8. 起_____　　9. 上_____

10. 下_____

七 写出含有偏旁"见"或"𤣩"的汉字　Écrivez les caractères chinois avec le radical «见» ou «𤣩»

　　　jiàn　　　　　shì　　　　　xiàn　　　　　qiú

1. 再_____　　2. 电_____　　3. _____在　　4. 打_____

　　　jiào　　　　　wáng

5. 睡_____　　6. 姓_____

八 交际练习　Exercices de communication

和同伴互相介绍一下儿自己一天的学习和生活安排。
Parle avec tes camarades de ce que vous faites tous les jours (sur l'horaire de la journée).

你想想

一个字加一笔能变成另一个字,如:"一"加一笔变成"二、十"。下面的这个字,你会变吗?

大 → ❶ _____　　❷ _____　　❸ _____

汉字笔顺表

① 点 diǎn   占 + 灬

② 分 fēn   八 + 刀

③ 差 chà   羊 + 工

④ 刻 kè   亥 + 刂

⑤ 半 bàn

⑥ 现 xiàn   王 + 见

⑦ 吃 chī   口 + 乞
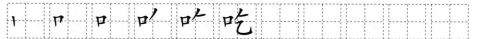

⑧ 饭 fàn   饣 + 反

08 现在几点

⑨ 起 qǐ 走 + 己

⑩ 床 chuáng 广 + 木

⑪ 食 shí 人 + 良

⑫ 花 huā 艹 + 化

⑬ 打 dǎ 扌 + 丁

⑭ 球 qiú 王 + 求

⑮ 水 shuǐ

⑯ 时 shí 日 + 寸

⑰ 候 hou 亻 +丨+ 矣

⑱ 睡 shuì 目 + 垂

⑲ 觉 jiào ⺌ + 见

询问（4）

09 你住在哪儿

Où habites-tu?

一 给下面的词语注音 Écrivez les mots suivants en *pinyin*

1. 欢迎_____   2. 高兴_____   3. 有_____
4. 旁边_____   5. 玩儿_____   6. 在_____
7. 一起_____   8. 常_____   9. 和_____
10. 叫_____

二 用上面的词语填空 Remplissez les trous avec les mots ci-dessus

我_____一个朋友，他_____汉斯（Hànsī, Hans）。❶ 他住_____学校宿舍一号楼一层 105 号房间。❷ 我家_____学校_____。我很_____我的朋友来我家_____。❸ 我们_____ _____看电影、听音乐。❹ 星期六、星期日我_____朋友们_____在学校打球。

三 把上面带序号的句子改成疑问句 Remplacez les phrases ci-dessus par des phrases interrogatives

1. _____
2. _____
3. _____
4. _____

四 用"几"或"多少"提问　Posez les questions en utilisant《几》ou《多少》

1. A：_____？

   B：我们学校有八十七个老师。

2. A：_____？

   B：他的房间是 328 号。

3. A：_____？

   B：他的生日是 6 月 18 号。

4. A：_____？

   B：这个楼有六层。

5. A：_____？

   B：二号楼有八十个房间。

6. A：_____？

   B：我有三个中国朋友。

五 在后面两组词语中找出适当的词语完成句子　Complétez les phrases avec des combinaisons de mots appropriées

1. 我去 教室上课_____。　　　教室　　吃饭

2. 我去_____。　　　　　　　花店　　玩儿

3. 我去_____。　　　　　　　公园　　上课

4. 我去_____。　　　　　　　食堂　　买东西

5. 我去_____。　　　　　　　商店　　买花儿

六 给括号内的词语找到适当的位置　Placez les mots entre parenthèses au bon endroit

1. A 他 B 常 C 去食堂 D 吃饭。　　　　　　　　（不）

2. 我 A 和 B 朋友 C 一起 D 玩儿。　　　　　　（常常）

3. A 我们 B 住 C 在 D 一起。　　　　　　　　（不）

4. A 他们都 B 在 C 银行 D 工作。　　　　　　（不）

5. A 他 B 昨天 C 问 D 我们。　　　　　　　　（没）

七 **根据拼音写汉字** Écrivez les caractères chinois à partir des *pinyin* donnés

1. Yóujú zài gōngyuán pángbiān.
   _____

2. Huānyíng lái Běijīng.
   _____

3. Shàng kè de shíhou wèn lǎoshī.
   _____

八 **写出含有偏旁"辶"的汉字** Écrivez les caractères chinois avec la clé de «辶»

      jìn   yíng   dao   biān

1. 请_____　2. 欢_____　3. 知_____　4. 旁_____

九 **交际练习** Exercices de communication

和同学互相介绍自己住在哪儿（如：几号楼，几层，多少号房间）。
Parle à tes camarades de ton adresse (par exemple: Quel bâtiment? À quel étage? Quel genre d'appartement).

> **你想想**
>
> "半个朋友没有了"是一个什么字？

汉字笔顺表

① 住 zhù 亻+ 主

② 多 duō 夕+ 夕

③ 少 shǎo

④ 房 fáng 户+ 方

⑤ 间 jiān 门+ 日

⑥ 欢 huān 又+ 欠

⑦ 迎 yíng 辶+ 卬
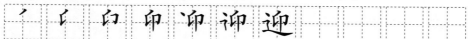

⑧ 玩 wán 王+ 元

⑨ 常 cháng ⌀ + 吊

⑩ 问 wèn 门 + 口

⑪ 校 xiào 木 + 交

⑫ 楼 lóu 木 + 娄

⑬ 路 lù 足 + 各
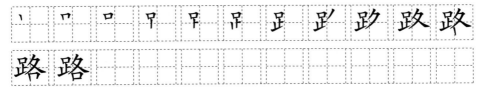

⑭ 知 zhī 矢 + 口

⑮ 道 dào 辶 + 首

⑯ 旁 páng　亠 + 方

⑰ 边 biān　辶 + 力

⑱ 对 duì　又 + 寸

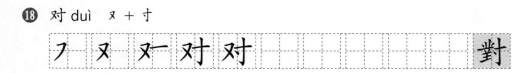

⑲ 公 gōng　八 + 厶

⑳ 园 yuán　囗 + 元

㉑ 找 zhǎo　扌 + 戈

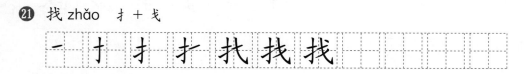

㉒ 层 céng　尸 + 云

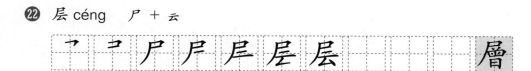

询问（5）

10 邮局在哪儿
Où est la poste?

一 给下面的词语注音　Écrivez les mots suivants en *pinyin*

1. 东边_____　　2. 南边_____　　3. 西边_____

4. 北边_____　　5. 旁边_____　　6. 那_____

7. 那儿_____　　8. 休息_____　　9. 不_____

10. 常_____　　11. 在_____　　12. 离_____

二 用上面的词语填空　Remplissez les trous en utilisant les mots ci-dessus

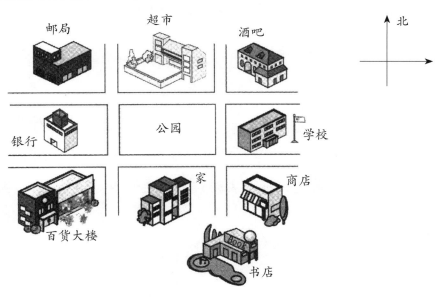

我家_____公园_____，_____公园很近。_____的时候，我_____去_____玩儿。我家_____有商店、百货大

楼、书店，我_____去_____买东西。公园_____有一个学校，我弟弟就_____ _____个学校学习。超市_____是酒吧。我_____常去那个酒吧。

三 根据课本第89页的"扩展"（他爸爸……回家），提出四个正反疑问句
Faites 4 questions affirmatives-négatives basées sur l'extension (son père... rentre à la maison) de la page 89 du manuel

1. _____

2. _____

3. _____

4. _____

四 选词填空　Complétez les phrases avec les bons mots

1. 他_____银行职员。　　　　　　（在　有　是　去）

2. 今天我们_____去公园看花儿。　（常　有　在　一起）

3. 他们在_____打球。　　　　　　（去　那儿　哪儿）

4. 中国银行_____在我们学校旁边。（就　常　有　看）

5. 你_____前走，那个大楼一层就是超市。（就　往　去　那儿）

五 完成对话　Complétez les conversations suivantes

1. A：请问_____？

   B：银行就在那个书店旁边。

2. A：你们学校_____？（离家）

　　B：很远。

　　A：_____？

　　B：我坐车去。

3. A：你_____？（上网）

　　B：常常上网。

　　A：_____？

　　B：在宿舍。

六 根据拼音写汉字　Écrivez les caractères chinois à partir des *pinyin* donnés

1. Cāochǎng zài jiàoshì de dōngbian.
　_____

2. Shuí zài pángbiān de fángjiān tīng yīnyuè?
　_____

3. Tā cháng qù yóujú zuò shénme?
　_____

七 写出含有偏旁"心"的汉字　Écrivez les caractères chinois avec le radical 《心》

　　　　nín　　　　　　xi　　　　　　zěn
1. ____早　　2. 休____　　3. ____么

八 交际练习 Exercices de communication

和同学设计（shèjì, planifier）一段对话（duìhuà, dialogue），询问操场、食堂、超市、书店等地方在哪儿。
Faites un dialogue et demandez où se trouvent le terrain de jeu, la cantine, le supermarché, la librairie, etc.

你想想

一边半个"很"，一边半个"住"。这是一个什么字？

汉字笔顺表

❶ 怎 zěn　乍 + 心
丿　厂　广　乍　乍　怎　怎　怎

❷ 走 zǒu　土 + 龰
一　十　土　卡　辛　走　走

❸ 就 jiù　京 + 尤
丶　亠　宀　亣　亩　古　京　京　京　尌　就
就

❹ 往 wǎng　彳 + 主
丿　彳　彳　彳　彳　往　往　往

10 邮局在哪儿

❺ 离 lí 离 + 禸

❻ 远 yuǎn 辶 + 元

❼ 地 dì 土 + 也

❽ 方 fāng

❾ 坐 zuò 从 + 土

❿ 车 chē

⓫ 公 gōng 八 + 厶

⓬ 南 nán

⓭ 北 běi 丬 + 匕

⑭ 操 cāo 扌 + 喿

⑮ 场 chǎng 圡 + 𠃊

⑯ 近 jìn 辶 + 斤

需要（1）

11 我要买橘子
Je veux acheter des mandarines

一 熟读词语　Récitez les mots suivants

要	还	别的
~多少	~喝/吃/……	~东西
~几斤/瓶/……	~去/来/……	~地方
~苹果/……	~看/听/……	~老师
~喝可乐	~要	~语言

种	多
一~	很~
这~	不~
那~	~了一块钱
很多~	~好啊

二 用上面的词语填空　Complétez les phrases avec les mots ci-dessus

1. _____ 橘子很好，你尝尝。

2. 上午我们打球，下午_____ 打吗？

3. 我不_____ 韩语书，我_____ 汉语书。

4. 你昨天发电子邮件了，今天_____ 发吗？

5. 明天你们去天安门，_____ 去_____ 吗？

6. 茶（chá, thé）有_____，我不知道你要哪种。

三 完成对话 Complétez les conversations suivantes

1. A：您_____？（买）

   B：有可乐吗？

   A：有，要_____？（几）

   B：一瓶。

2. A：这种橘子_____？（斤）

   B：_____。（6.30元）_____？（几）

   A：两斤。

3. A：小王，_____？

   B：就在学校旁边。

   A：那个商店的花儿_____？（吗）

   B：不太多。

   A：_____？

   B：很便宜。

4. A：您_____？（要）

   B：香蕉（xiāngjiāo，banane）_____？

   A：_____。（10.00元）

   B：太_____！不要了。

四 用动词重叠形式完成句子 Complétez les phrases en utilisant le redoublement des verbes

1. 你_____，这音乐很好听。

2. 你太累了，_____吧。

3. 你是北京人，给我们_____北京，好吗？

4. 我也不认识这个字，明天_____老师吧。

5. 这个星期天，我们去颐和园_____吧。

6. 你_____，这是我做的中国菜（cài, plat）。

7. 你_____大卫，明天他去不去长城。

8. 玛丽，你来_____，这是什么？

五 改错句　Corrigez les phrases

1. 他没结婚了。

　　→_____

2. 我昨天没忙了，今天忙。

　　→_____

3. 他工作在银行，是职员。

　　→_____

4. 我吃早饭在家七点一刻。

　　→_____

5. 他睡觉十一点半常常晚上。

　　→_____

6. 一斤多少钱橘子？

　　→_____

7. 要两瓶可乐，不别的了。

　　→_____

8. 他买两苹果。

　　→_____

六　根据拼音写汉字　Écrivez les caractères chinois à partir des *pinyin* donnés

1. zuò qìchē ＿＿＿＿＿＿
2. mǎi dōngxi ＿＿＿＿＿＿
3. chī píngguǒ ＿＿＿＿＿＿
4. hē shuǐ ＿＿＿＿＿＿
5. tīng lùyīn ＿＿＿＿＿＿
6. qù yínháng ＿＿＿＿＿＿

七　填写正确的汉字　Complétez le texte avec les caractères chinois appropriés

＿＿＿我家不远有一个书＿＿＿。那个书＿＿＿的＿＿＿很多。我常常一＿＿＿人去买＿＿＿。有时候也和朋＿＿＿一＿＿＿去。我在书＿＿＿认＿＿＿了一＿＿＿人，他就在书＿＿＿工作。他给我介＿＿＿了很多好＿＿＿。我认＿＿＿这＿＿＿朋＿＿＿很高＿＿＿。

八　写出含有偏旁"贝"或"夕"的汉字　Écrivez les caractères avec le radical «贝» ou «夕»

huòyuán　　　　guì　　　　　míng
1. 售＿＿＿　　2. 很＿＿＿　　3. ＿＿＿字

duō　　　　　suì
4. 不＿＿＿　　5. 十＿＿＿

九　交际练习　Exercices de communication

你和大卫一起去水果店买水果，你们问老板水果的价格及怎么支付。

David et toi allez au magasin acheter des fruits. Demandez au propriétaire du magasin le prix et le mode de paiement.

11 我要买橘子

考考你

你能写出多少个偏旁是"亻"的汉字?

nǐ	tā	nín	zuò	zhù
1.___	2.___	3.___	4.___	5.___

men	tǐ	zuò	shén	xiū
6.她___	7.身___	8.工___	9.___么	10.___息

hou	fù	jiàn	pián	xìn
11.时___	12.___钱	13.邮___	14.___宜	15.微___

汉字笔顺表

❶ 元 yuán

一 二 テ 元

❷ 块 kuài 扌 + 夬

一 十 土 圠 圠 块 块   塊

❸ 毛 máo

丿 二 三 毛

❹ 角 jiǎo ⺈ + 用

丿 ⺈ 𠂉 甪 甪 角 角

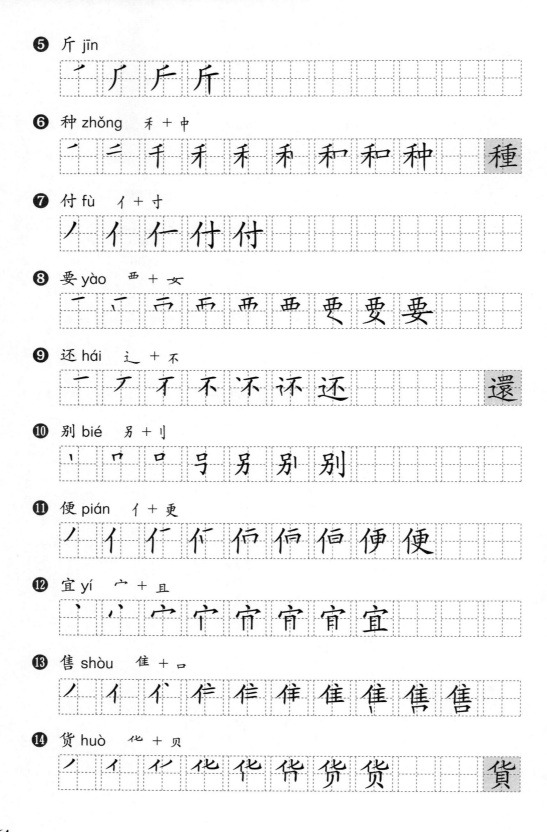

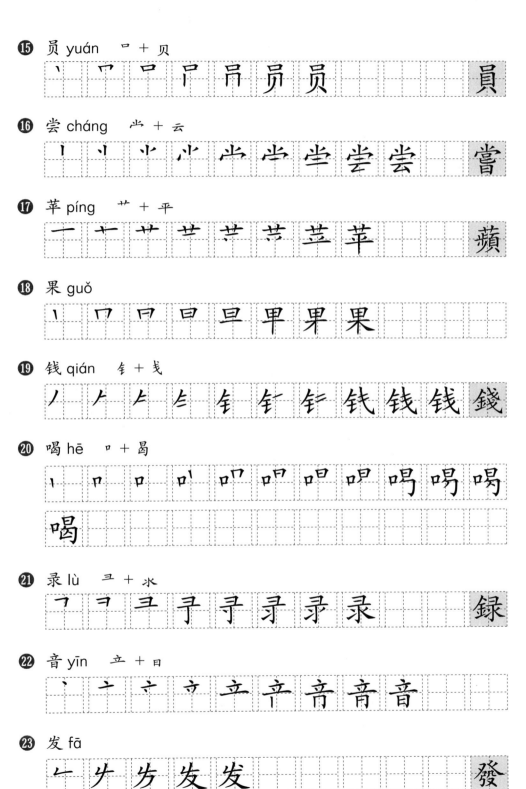

㉔ 电 diàn

㉕ 邮 yóu   由 + 阝

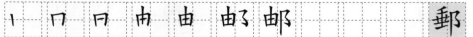

㉖ 件 jiàn   亻 + 牛

丿 亻 亻 仁 仵 件

㉗ 瓶 píng   并 + 瓦

丶 丷 䒑 兰 羊 并 并 瓶 瓶 瓶

㉘ 橘 jú   木 + 矞

需要（2）

12 我想买毛衣

Je veux acheter un pull

一 熟读词语　Récitez les mots suivants

天	想	件
一~	~妈妈	一~衣服
~冷了	~家	两~上衣
冷~	~回家	一~事（shì）
	~休息	

极了	再	少
忙~	~想想	很~
累~	~吃点儿	不~
高兴~	~来	~了一块钱
贵~		~喝点儿

二 给下面的词语注音，并给反义词连线　Écrivez les mots suivants en *pinyin* et reliez-les avec leurs antonymes

小 _____　　　　坏 __huài__

少 _____　　　　贵 _____

长 _____　　　　短 _____

便宜 _____　　　多 _____

好 __hǎo__　　　　大 _____

三 选词填空　Remplissez les trous avec les mots donnés

什么　怎么　怎么样　哪儿　谁　几　多少

1. 他们学校有_____学生？

2. 他的名字_____写？

3. 他们都在_____上课？

4. 他有_____个美国朋友？

5. 他爸爸妈妈的身体_____？

6. 你爸爸做_____工作？

7. _____是你们的老师？

四 写出动词　Ajoutez les verbes appropriés aux expressions données

1. _____衣服　　2. _____饮料　　3. _____微信

4. _____生词　　5. _____宿舍　　6. _____东西

7. _____饭　　　8. _____电影　　9. _____汉语

10. _____汽车

五 完成对话　Complétez les conversations suivantes

1. A：你要喝_____？（饮料）

   B：要。

   A：_____？（什么）

   B：可口可乐。

2. A：_____？（哪儿）

   B：去手机商店买手机。

   A：你没有手机吗？

   B：我的手机不好，_____好的。（想）

3. A：上课的时候可不可以发微信？

   B：_____，你下课的时候发吧。（不）

4. A：你现在上网吗？

   B：_____，我很累，我想休息一下儿。

六 仿照例句完成句子 Complétez les phrases en suivant l'exemple

例： 这个教室<u>不大也不小</u>。

1. 那件衣服_____。

2. 那个商店的东西_____。

3. 我的钱买电脑_____。

4. 他家离学校_____。

七 填写正确的汉字 Remplissez les trous avec les caractères chinois appropriés

我来哈尔滨（Hā'ěrbīn, Harbin）四天了。这儿天太_____了。我的衣_____很_____，所以昨_____去买了一_____大衣，今_____就_____在身上了。

我住_____宾馆（bīnguǎn, hôtel），上午、下午工_____很忙，很_____，晚_____回宾馆就想睡_____。

八 写出含有偏旁"木"或"阝"的汉字 Écrivez les caractères chinois avec le radical «木» ou «阝»

    jī   lóu   xiāo   jú

1. 手____ 2. 大____ 3. 学____ 4. ____子

    yàng   jí   dōu   yóu

5. 怎么____ 6. 好____了 7. ____来 8. ____局

九 交际练习 Exercices de communication

你和同学设计一段买衣服的对话。
Faites une conversation sur l'achat de vêtements.

你想想

"大口吃进小口"是哪个汉字?

汉字笔顺表

❶ 小 xiǎo

丨 小 小

❷ 可 kě 丁 + 口

一 一 丅 可 可

12 我想买毛衣

❸ 衣 yī

❹ 冷 lěng　冫+令

❺ 样 yàng　木+羊

❻ 长 cháng

❼ 短 duǎn　矢+豆

❽ 词 cí　讠+司

❾ 想 xiǎng　相+心

❿ 极 jí　木+及

⑪ 穿 chuān 宀 + 牙

⑫ 服 fú 月 + 艮

⑬ 试 shì 讠+ 式

⑭ 吃 chī 口 + 乞

⑮ 外 wài 夕 + 卜

需要（3）

13　要换车

Vous avez besoin de changer de bus

一　熟读词语　Récitez les mots suivants

刷	换	到
~卡	~车	~北京了
~手机	~衣服	~站
~牙（yá, dent）	~鞋	收~微信
	~几号线	~上课的时间

张	会	一点儿
一~票	~说汉语	买~东西
两~地图	~做饭	喝~可乐
一~床	不~来	要便宜~的
	~写生词	懂~汉语

二　选择正确答案　Choisissez la bonne réponse

1. 他今年28＿＿＿＿了。　　A. 年　　　　　　B. 岁
2. 现在＿＿＿＿。　　　　　A. 二点十五分　　B. 两点一刻
3. 我买两＿＿＿＿电影票。　A. 张　　　　　　B. 个
4. 他给我一＿＿＿＿书。　　A. 个　　　　　　B. 本
5. 他有一＿＿＿＿中国地图。A. 张　　　　　　B. 个

三 组词成句（有的词可以用两次） Utilisez les mots ci-dessus pour former une phrase (certains mots peuvent être utilisés deux fois)

1. 他　汉语　说　会　了　一点儿

　　_____

2. 现在　不　十点　半　了　来　会　他

　　_____

3. 姐姐　妹妹　地图　本子　张　一　个　给

　　_____

4. 去　换　天安门　要　吗　车

　　_____

四 完成对话　Complétez les conversations suivantes

1. A：_____？（做饭）

　 B：我会做。

　 A：_____？（中国菜）

　 B：不会，我会做日本菜，星期六晚上请你来我家尝尝。

　 A：_____！

2. A：你要_____？（什么）

　 B：我要喝可口可乐。

　 A：_____？（别的）

　 B：不要了。

3. A：你朋友_____？（几）

   B：八点来。

   A：现在八点十分了，她_____？（会）

   B：会，路上车很多，可能（kěnéng, peut-être）晚一点儿。

4. A：今天晚上_____，好吗？（电影）

   B：好，中国电影吗？

   A：不是。

   B：_____？（哪）

   A：法国的。

   B：好，我们_____。（一起）

五 改错句　Corrigez les phrases suivantes

1. 我会说汉语一点儿。

   → _____

2. 他是日本人的留学生。

   → _____

3. 我说汉语不会。

   → _____

4. 他一本书给我。

   → _____

5. 都他们三人是很忙。

   → _____

六 根据拼音写汉字　Écrivez les caractères chinois à partir des *pinyin* donnés

1. dǒng Yīngyǔ _____　　2. nǎ guó diànyǐng _____

3. shuā kǎ _____　　4. méi dào zhàn _____

七 用汉字填空　Complétez le texte avec les caractères chinois appropriés

我和大卫都_____去颐和园（Yíhé Yuán, Yiheyuan, palais d'été）玩儿，可是（kěshì, mais）我们两_____人_____不知_____怎_____去。_____刘京，刘京_____："颐和园_____这儿_____近，在学_____门口（ménkǒu, porte）坐_____西去的690路汽车就可以到颐和园的东门。"明天是_____期六，我们_____课，我和大卫明天_____完早饭以后（yǐhòu, après）就_____颐和园_____。

八 写出含有偏旁"扌"的汉字　Écrivez les caractères chinois avec le radical «扌»

　　dǎ　　　　　tóu　　　　　huàn　　　　　zhǎo

1. ____球　2. ____币　3. ____钱　4. ____人

九 交际练习　Exercices de communication

你和同学要去公园玩儿，但不知道怎么买票、怎么去，你们设计一段买票、问路的对话。

Un camarade et toi allez au parc, mais vous ne savez pas comment acheter le billet et comment aller au parc. Faites une conversation sur la façon d'acheter un billet et de demander le chemin.

13 要换车

你看看

圈出每组汉字不一样的部分,如:宿安,然后给汉字注音。

1. 员_____ 货_____ 贵_____
2. 远_____ 近_____ 道_____
3. 问_____ 间_____
4. 我_____ 找_____

汉字笔顺表

❶ 换 huàn 扌 + 奂

❷ 到 dào 至 + 刂

❸ 站 zhàn 立 + 占

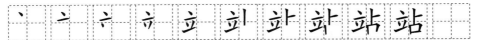

❹ 说 shuō 讠 + 兑

❺ 路 lù ⻊ + 各

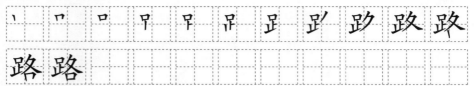

❻ 卡 kǎ

❼ 懂 dǒng 忄 + 董

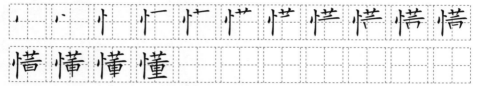

❽ 点 diǎn 占 + 灬

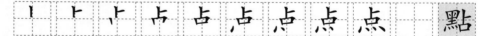

❾ 地 dì 土 + 也

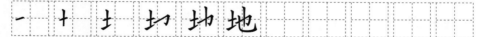

❿ 铁 tiě 钅 + 失

⓫ 线 xiàn 纟 + 戋

⓬ 刷 shuā 尸 + 刂

13 要换车

⑬ 投 tóu 扌 + 殳

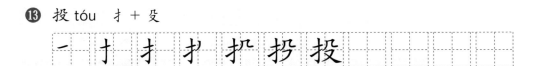

⑭ 币 bì

⑮ 法 fǎ 氵 + 去

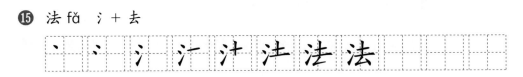

需要（4）

14 我要去换钱
Je vais aller échanger de l'argent

一 熟读词语 Récitez les mots suivants

里	带	时间
家～	～东西	有～
书～	～卡	没～
房间～	～你去	～不早了
电话～	～给他	～不多

花	这样	等
～时间	～做	～我
～钱	～写	我～你
	～念	在房间～

二 给下面的词语注音，然后选词填空 Écrivez les mots suivants en *pinyin* et complétez les phrases avec les mots appropriés

想_____   会_____   能_____   要_____   可以_____

1. 大夫说他身体不好，不_____走很远的路。

2. 你_____汉语，请你看看，这信里说了什么。

3. 我看看你的本子，_____吗？

4. 你_____喝可乐吗？

5. A：你去那个商店，你_____买什么？

   B：听说那个商店很大，东西很多，我_____去看看。

6. A：下课的时候_____不_____在教室里吸烟（xī yān, fumer）？

   B：我_____不_____。

三 完成对话　Complétez les conversations suivantes

1. A：_____，请你在这儿等等，我回去拿（ná, prendre）。（带　手机）

   B：_____！我等你。（快）

2. A：昨天你去商店了没有？

   B：_____。（去）

   A：_____？（买）

   B：没买东西。

3. A：小明的_____，你知道吗？（手机号码）

   B：知道，我_____。（手机　有）

4. A：你的中国名字_____？（怎么）

   B：这样写。

四 给括号内的词语找到适当的位置　Placez les mots entre parenthèses au bon endroit

1. 你 A 西走，B 到 80 号就是 C 小王的家 D。　（往）

2. 我昨天 A 去商店了 B，C 买东西。　（没）

3. 你 A 等等，B 他 C 很快 D 来。　（就）

4. 我昨天 A 不忙 B，今天 C 忙 D。　　　　（了）

5. 去年（qùnián，l'année dernière）来的时候 A　　　　（了）
   想家 B，现在 C 不想 D。

五 写出动词的宾语　Ajoutez les compléments d'objet appropriés aux verbes donnés

1. 坐_____　　2. 听_____　　3. 写_____

4. 发_____　　5. 做_____　　6. 起_____

7. 穿_____　　8. 找_____　　9. 喝_____

10. 说_____

六 填写正确的词语　Complétez le texte avec les mots appropriés

我的人民币都_____了，我要去_____换_____。玛丽说："_____是星期日，_____休息，我这儿有_____，你要_____？" 我说："五百块。" 玛丽说："给_____。" 我说："谢谢，_____换了人民币我还（huán, échanger）_____。"

七 改错句　Corrigez les phrases suivantes

1. 明天我没去公园。

   → _____

2. 昨天他没来上课了。

   → _____

3. 和子常常做日本菜了。

   → _____

4. 昨天我不来了。

→ _____

八 写出含有偏旁"攵"或"钅"的汉字 Écrivez les caractères chinois avec le radical «攵» ou «钅»

     jiào   zuò   shǔ   shù

1. ____室   2. ____饭   3. ____ ____

     qián   yín

4. 换____   5. ____行

九 交际练习 Exercices de communication

你和同学设计一段关于在银行换钱的对话。

Faites un dialogue concernant l'échanges de l'argent à la banque.

你看看

圈出每组汉字不一样的部分，如：宿⦾安，然后在横线上写一个汉字，与给出的汉字组成一个词。

1. 几 儿____   2. 个 介____

3. 休____ ____体   4. 太 大____ ____天

汉字笔顺表

① 里 lǐ

② 能 néng   ⺼ + 匕

③ 数 shǔ   娄 + 攵

④ 快 kuài   忄 + 夬

⑤ 营 yíng   艹 + 冖 + 吕

⑥ 业 yè

⑦ 美 měi   ⺶ + 大

⑧ 百 bǎi

14 我要去换钱

❾ 民 mín

❿ 签 qiān ⺮ + 佥

⓫ 话 huà 讠 + 舌

⓬ 码 mǎ 石 + 马

⓭ 念 niàn 今 + 心

⓮ 等 děng ⺮ + 寺

需要（5）

15 我要照张相

Je veux prendre une photo

一 熟读词语　Récitez les mots suivants

到	挑	关
买~	~衣服	~机
找~	~两本书	~电视
学~	~几朵花儿	~电脑
回~		~上

照相	完
没~	吃~
给你~	喝~
照一张相	做~
	写~

二 给下面的词语注音，然后选词填空　Écrivez les mots suivants en *pinyin* et complétez les phrases avec les mots appropriés

| 对____ | 完____ | 通____ | 到____ | 懂____ |

1. 我找_____那本书了。

2. 你说_____了，她今天真的没来上课。

3. 请你再说一遍，我没听_____。

4. 那瓶酒他喝_____了。

5. 我给他打电话没打_____。

三 组词成句　Faites des phrases avec les mots suivants

1. 好看　这　真　种　鲜花儿

   _____

2. 我　妈妈　电话　给　打　了

   _____

3. 这　本子　个　不　好　吗　换　一下儿　能

   _____

4. 你　请　我　电话费　交　帮　一下儿

   _____

四 完成对话　Complétez les conversations suivantes

1. A：_____？（谁　衣服）

   B：是我妹妹的。

   A：真好看，_____？（吗）

   B：我不能穿，太小了。

2. A：_____？（手机　吗）

   B：不是我的，是大卫新买的。

   A：这个_____？（怎么样）

   B：我不知道，大卫说很不错。

3. A：昨天买的苹果我吃完了，你呢？

   B：还_____，还有一个。

4. A：听说你工作＿＿＿＿＿＿＿＿＿＿＿＿＿＿。（极了）

　　B：对，晚上常常工作＿＿＿＿＿＿＿＿＿＿＿＿。（到）

　　A：你身体＿＿＿＿＿＿＿＿＿＿＿＿？（怎么样）

　　B：＿＿＿＿＿＿＿＿＿＿＿＿＿。（不错）

　　A：要多休息啊。

　　B：＿＿＿＿＿＿＿＿＿＿！

五 **根据拼音写汉字**　Écrivez les caractères chinois à partir des *pinyin* donnés

A：Wǒ lèi le, xiǎng qù nàr zuòzuo.

＿＿＿＿＿＿＿＿＿＿＿＿＿＿＿＿＿＿＿＿＿＿＿＿＿＿＿＿＿

B：Děng yi děng, zhèr de huār hěn hǎokàn, nǐ gěi wǒ

＿＿＿＿＿＿＿＿＿＿＿＿＿＿＿＿＿＿＿＿＿＿＿＿＿＿＿＿＿

zhào zhāng xiàng, hǎo ma?

＿＿＿＿＿＿＿＿＿＿＿＿＿＿＿＿＿＿＿＿＿＿＿＿＿＿＿＿＿

A：Hǎo, zhàowánle zài qù.

＿＿＿＿＿＿＿＿＿＿＿＿＿＿＿＿＿＿＿＿＿＿＿＿＿＿＿＿＿

六 **填写正确的词语**　Complétez le texte avec les caractères chinois appropriés

今晚我们学校＿＿＿＿＿＿电影，中午我想＿＿＿＿＿＿玛丽打＿＿＿＿＿＿，请＿＿＿＿＿＿来我们＿＿＿＿＿＿看＿＿＿＿＿＿。可是我的＿＿＿＿＿＿怎么没有了？没有＿＿＿＿＿＿怎么打＿＿＿＿＿＿？这时候，小王叫我："小李，小李，你的＿＿＿＿＿＿我找＿＿＿＿＿＿了，在教室里。"我听了，高兴地说："太好了，谢谢你！"

15 我要照张相

七 写出含偏旁 "纟" 或 "亻" 的汉字 Écrivez les caractères chinois avec le radical « 纟 » ou « 亻 »

1. 介__ shào
2. __婚 jié
3. __念 jì
4. __天 jīn

5. 一__ ge
6. __来 huì
7. 纪__ niàn
8. __来 ná

八 交际练习 Exercices de communication

你喜欢照相吗？你一般什么时候照相？说说和照相有关的一件事。
Tu aimes prendre des photos? Quand prends-tu des photos habituellement? Raconte ton histoire de photographie.

你想想

"一人有一口一手" 是什么字？

汉字笔顺表

❶ 哎 āi 口 + 艾

丨 口 口 口一 哎 哎 哎 哎

❷ 呀 yā 口 + 牙

丨 口 口 口一 口一 呀 呀

15 我要照张相

⑪ 错 cuò 钅+ 昔

⑫ 真 zhēn 直 + 八

⑬ 风 fēng

⑭ 景 jǐng 日 + 京

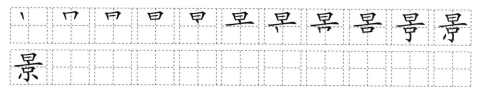

⑮ 费 fèi 弗 + 贝

⑯ 拿 ná 合 + 手

⑰ 完 wán 宀 + 元

相约（1）

16 你看过京剧吗

As-tu déjà regardé l'Opéra de Pékin?

一 熟读词语　Récitez les mots suivants

过	演	以后
吃～	～京剧	工作～
去～	～电影	休息～
没见～	～什么	来中国～
没来～		收到微信～

告诉	名
～他	～酒
没～别人	～茶
～过我	～人
不～他	～校

二 给下面的词语注音，然后选词填空　Écrivez les mots suivants en *pinyin* et complétez les conversations avec les mots appropriés

应该_____　　行_____　　过_____　　了_____
当然_____　　想_____　　会_____

1. A：你想去长城吗？

   B：_____想。

2. A：学过的词你都会念吗？

   B：_____会吧。

3. A：这种茶你喝_____没有？

   B：没喝_____，听说不太好喝。

4. A：昨天我去看电影_____，你去看_____没有？

   B：没去看，我在上海看_____。

5. A：上课的时候睡觉，_____吗？

   B：我_____不_____。

6. A：小王去哪儿了？

   B：现在是吃饭时间，他_____在食堂吧。

   A：我找_____了，他不在。

   B：_____不_____吃完饭回宿舍了？

   A：我去看看。

三 完成句子　Complétez les phrases suivantes

1. 听说上海很不错，我还_____。

2. 我不懂法语，我没_____。

3. 我去那个饭店吃_____，我知道那儿的饭菜很好吃，

   价钱也_____。

4. 我没_____，不知道那个地方好不好。

5. 九点了，他还_____，昨天晚上他没睡觉吗？

四　完成对话　Complétez les conversations suivantes

1. A：小王，快来，_____！（有　找）

   B：知道了，谢谢。

2. A：我们的英国朋友回国了，你知道吗？

   B：不知道，_____。（没　告诉）

3. A：我写给你的电子邮件_____？（收到）

   B：没有。

4. A：我们想请王老师给我们_____。（介绍　京剧）

   B：好，我问问他_____。（有　时间）

   A：你问了以后_____。（给　打电话）

五　改错句　Corrigez les phrases suivantes

1. 你学过了汉语没有？

   → _____

2. 我不吃过烤鸭。

   → _____

3. 他常常去过留学生宿舍。

   → _____

4. 你看电视过了没有？

   → _____

5. 他还没结婚过呢！

   → _____

16 你看过京剧吗

六 根据拼音写汉字 Écrivez les caractères chinois à partir des *pinyin* donnés

1. Gěi péngyou zhǎo gōngzuò.
   _____

2. Yǒu rén qǐng nǐ jièshào yíxiàr Shànghǎi.
   _____

3. Zhè jiàn shì néng gàosu tā ma?
   _____

七 填写正确的词语 Complétez le texte avec les caractères chinois appropriés

我在_____前边等朋友，一个外国留学生_____："请问，美国留学生大卫住在八号楼哪个房间？"我_____："我也不_____，我不_____八号楼，你进去问问宿舍的服务员 [fúwùyuán, serveur (-se)]，她_____。"这个_____听了就_____："谢谢！"她就进八号楼了。

八 写出含有偏旁"氵"或"扌"的汉字 Ecrivez les caractères chinois avec le radical «氵» ou «扌»

	jiǔ		Hàn		méi		yǎn
1.	___吧	2.	___语	3.	___有	4.	___京剧

	dì		chǎng		kuài	
5.	___图	6.	操___	7.	一___钱	

九 交际练习　Exercices de communication

来到中国以后，你吃过什么有名的中国菜（Zhōngguócài, plats chinois）？

Quels plats chinois célèbres as-tu déjà mangés après ton arrivée en Chine?

你想想

"上下"在一起，少了一个"一"，这是什么字？

汉字笔顺表

❶ 过 guò　辶 + 寸

❷ 剧 jù　居 + 刂

❸ 演 yǎn　氵 + 寅

❹ 后 hòu

16 你看过京剧吗

❺ 告 gào　牛+口

丿 ⺧ 牛 生 告 告 告

❻ 诉 sù　讠+斥

丶 讠 讠 训 诉 诉 诉　　訴

❼ 烤 kǎo　火+考

丶 丶 火 火 灶 灶 烘 烤 烤 烤

❽ 鸭 yā　甲+鸟

丨 口 日 日 甲 甲 鸭 鸭 鸭 鸭　鴨

❾ 应 yīng　广+丷

丶 亠 广 广 庐 应 应　　應

❿ 该 gāi　讠+亥

丶 讠 讠 讠 讠 该 该 该　　該

⓫ 意 yì　立+日+心

丶 亠 亠 立 立 音 音 音 意

意 意

⓬ 思 sī　田+心

丨 口 日 甲 田 甲 思 思 思

97

⑬ 当 dāng　⺌ + ⺕

⑭ 然 rán　⺰ + 灬

⑮ 菜 cài　艹 + 采

⑯ 事 shì

⑰ 价 jià　亻 + 介

⑱ 收 shōu　丩 + 攵

⑲ 典 diǎn　曲 + 八

⑳ 快 kuài　忄 + 夬

16 你看过京剧吗

㉑ 递 dì　辶 + 弟

丶 丷 ⺷ 当 肖 弟 弟 弟 递 递 遞

㉒ 杂 zá　九 + 木

丿 九 九 卆 杂 杂　　　　　雜

㉓ 技 jì　扌 + 支

一 十 扌 扌 扩 护 抆 技

相约（2）

17 去动物园
Allez au zoo

一 熟读词语 Récitez les mots suivants

上	下	接
~个星期	~个星期	~朋友
~（个）月	~（个）月	~电话
楼~	楼~	~球
车~		

条	最	
一~路	~好	
一~船	~长	
一~裤子（kùzi，pantalon）	~便宜	
	~好看	

二 写出动词 Ajoutez les verbes appropriés

1. _____自行车   2. _____朋友   3. _____地铁

4. _____电话   5. _____熊猫   6. _____船

7. _____价钱   8. _____东西

17 去动物园

三 用"来"或"去"填空　Complétez les dialogues en utilisant «来» ou «去»

1. A：玛丽在楼上，我去叫她下_____玩儿。

   B：我跟你一起上_____叫她吧。

2. A：王兰在这儿吗？

   B：不在，她在楼下，你下_____找她吧。

3. A：十二点了，你们在这儿吃饭吧！

   B：不，我们回_____吃，谢谢！

4. A：九点了，你哥哥怎么还不回_____？

   B：你看，我哥哥回_____了。

5. A：打球还少一个人，大卫呢？

   B：在宿舍里，你进_____叫他来。

   A：他的宿舍就在操场旁边，你在这儿叫他就行。

   B：大卫，快出_____打球！

四 用"还是"提问　Posez des questions en utilisant «还是»

1. A：_____？

   B：不喝可乐，我喝咖啡。

2. A：_____？

   B：上海和香港（Xiānggǎng, Hong Kong）我都想去。

3. A：_____？

   B：我要买橘子，不买苹果。

4. A: _____?

   B：这个星期天我不去公园，我想去动物园。

5. A: _____?

   B：我不坐汽车，也不坐地铁，我想骑自行车去。

五 填写正确的词语　Complétez le texte avec les caractères chinois appropriés

❶ 听说《我的姐姐》这_____电影很_____，❷ 我和王兰都_____去看。❸ 王兰_____："我知道这_____电影在哪儿_____，明天我们_____去。"我_____："怎么去？"她_____："我_____自行车去。"我说："我没有自行车。"❹ 王兰_____："那我们_____坐公交车去吧。"

六 用"怎么样、谁、什么时候、还是"把上面带序号的句子改成疑问句
Remplacez les phrases ci-dessus par des phrases intérrogatives en utilisant «怎么样，谁，什么时候，还是»

1. _____

2. _____

3. _____

4. _____

七 说话人在哪儿？请连线　Où est le locuteur? Reliez

1. 你们进来喝茶。
2. 刘京快下来玩儿！
3. 我们上去找他，好吗？
4. 快出来欢迎，朋友们都来了。
5. 我想下去走走，你呢？
6. 外边很冷，我们快进去吧。

里边
上边
外边
下边

八 写出含有偏旁"口"的汉字　Écrivez les caractères chinois avec le radical 《口》

　　　　huí　　　　　　yuán　　　　　　guó　　　　　　　tú
1. ＿＿家　　2. 公＿＿＿　　3. 中＿＿＿　　4. 地＿＿＿

九 交际练习　Exercices de communication

来中国以后，你去哪儿旅游过？
Après être venu en Chine, où tu as voyagé?

你想想

"大口吃进一块钱"是什么字？

汉字笔顺表

❶ 气 qì

丿　一　二　气　　　　　　　氣

❷ 划 huá 戈 + 刂

❸ 船 chuán 舟 + 㕣

❹ 骑 qí 马 + 奇

❺ 自 zì

❻ 啊 a 口 + 阿

❼ 跟 gēn 足 + 艮

❽ 动 dòng 云 + 力

❾ 物 wù 牛 + 勿

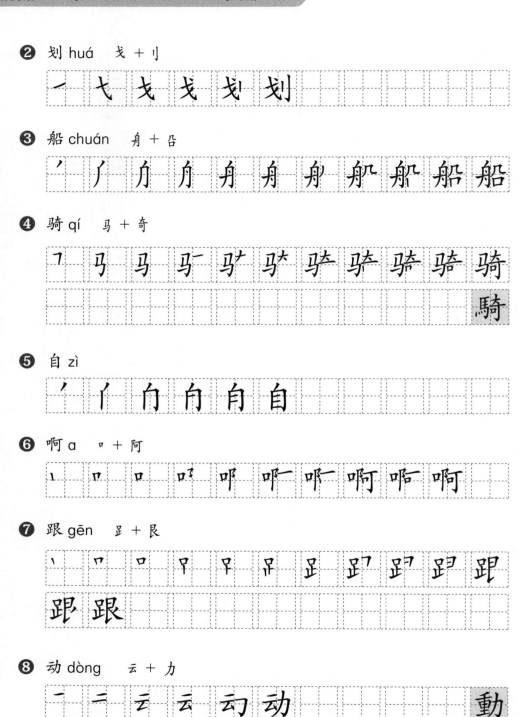

❿ 熊 xióng 能 + 灬

⓫ 猫 māo 犭 + 苗

⓬ 接 jiē 扌 + 妾

⓭ 考 kǎo 耂 + 丂

⓮ 条 tiáo 夂 + 朩

⓯ 最 zuì 曰 + 取

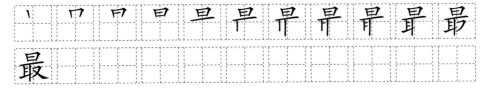

迎接（1）

18 路上辛苦了
Tu as fait un long voyage

一 **熟读词语** Récitez les mots suivants

从	先	辛苦
~法国来	~走了	~了
~这儿坐公交车去	~看看，再买	~你了
~北京到上海	~洗手，再吃饭	工作很~
~八点到十点		

一会儿	毕业	开
坐~	大学~	~车
休息~	中学~	火车~了
等~	毕了业就（工作）	~商店
~我就来		~门（mén, porte）

二 **用上面的词语填空** Complétez les phrases avec les mots ci-dessus

1. 你走累了，就在这儿_____吧。

2. 我去年_____进这家公司工作了。

3. 他很忙，现在有个电话要接，请你_____好吗？

4. A：明天怎么去北海公园？

   B：我哥哥会_____，我们坐他的车去。

18 路上辛苦了

三 用"要……了""快要……了""就要……了"完成句子 Utilisez «要……了» «快要……了» ou «就要……了» pour compléter les phrases suivantes

1. _____，我想下个月开始找工作。

2. _____，我们快上车吧。

3. _____（到 北京），我下飞机以后，先给朋友打个电话。

4. 大卫_____，我们等他一下儿。

5. 饭_____，你们就在我家吃饭吧。

四 完成对话 Complétez les conversations suivantes

1. A：小王，你不能喝酒。

   B：_____？

   A：一会儿你还要_____呢！

   B：我的车，我弟弟_____（开走）

   A：那你_____？

   B：我坐出租车回去。

2. A：_____？（什么酒）

   B：我不喝酒。

   A：_____？

   B：今天我开车。

   A：好吧，你不喝，我也不喝了。

五 写出动词的宾语 Ajoutez les compléments d'objet appropriés aux verbes

1. 吃 {＿＿＿ 2. 喝 {＿＿＿ 3. 看 {＿＿＿ 4. 坐 {＿＿＿

六 填写正确的词语 Complétez le texte avec les mots appropriés

❶我去年二月＿＿＿＿美国来中国。❷在飞机上，我＿＿＿＿大卫就认识了。他就坐＿＿＿＿我旁边。飞机＿＿＿＿北京以后，我们很快就＿＿＿＿了。❸还没有走出机场，就有学校＿＿＿＿人来接＿＿＿＿，❹他们在出租车上告诉了我们住的房间号。

七 用"是……的"把上面带序号的句子改成疑问句，并回答第 4 题
Remplacez les phrases ci-dessus par des phrases interrogatives en utilisant «是……的» et répondez à l'exercice 4

1. ＿＿＿＿＿＿＿＿＿＿＿＿＿＿＿＿＿？（时候）

2. ＿＿＿＿＿＿＿＿＿＿＿＿＿＿＿＿＿？（哪儿　认识）

3. ＿＿＿＿＿＿＿＿＿＿＿＿＿＿＿＿＿？（谁　接）

4. ＿＿＿＿＿＿＿＿＿＿＿＿＿＿＿＿＿？（怎么来）

八 写出含有偏旁"刂"或"亻"的汉字 Écrivez les caractères chinois en utilisant le radical «刂» ou «亻»

　　　huá　　　　　dào　　　　　　　kè　　　　　　jù
1.＿＿船　2.＿＿北京　3.两点一＿＿　4.京＿＿
　　　hěn　　　　　háng　　　　　wǎng
5.＿＿多　6.银＿＿　7.＿＿前走

18 路上辛苦了

九 交际练习 Exercices de communication

设计一段你去机场接朋友的对话。

Fais un dialogue pour la situation où tu cherches ton ami(e) à l'aéroport.

> **你想想**
>
> "行"有哪两个读音？你能写出两个读音不同的有"行"的词吗？

汉字笔顺表

❶ 从 cóng 亻 + 人

丿 亻 从 从　　　　　　　　　　從

❷ 飞 fēi

乙 飞 飞　　　　　　　　　　　　飛

❸ 概 gài 木 + 既

一 十 才 木 札 朾 杧 相 根 根 根 榍 槪 概

❹ 先 xiān

丿 𠂉 牛 生 先 先

❺ 辛 xīn 立 + 十

丶 亠 䒑 立 立 产 辛

18 路上辛苦了

⑭ 啤 pí　口 + 卑

⑮ 租 zū　禾 + 且

⑯ 火 huǒ

迎接（2）

19 欢迎你
Bienvenu

一 熟读词语 Récitez les mots suivants

别	送	以前
~客气	~朋友	来北京~
~不好意思	~给他一件衣服	吃饭~
~麻烦别人	不~了	睡觉~
	别~了	~的事

麻烦	不好意思	不用
太~	真~	~买
不~	太~了	~换车
~事儿		~接送
找~		~翻译
~别人		

二 用上面的词语填空 Complétez les phrases avec les mots ci-dessus

1. 微信里的意思我都看懂了，你_____了。

2. 这件事我能做好，别_____。

3. 你去商店的时候_____你帮我买两瓶水来。

4. 你很忙，还来送我，_____。

5. 你的本子用完了，我有，给你，你_____了。

6. 我_____来这儿吃过，知道这儿的菜很好吃。

112

19 欢迎你

三 完成句子　Complétez les phrases suivantes

1. 大卫，快_____！（接电话）
2. 你这是_____来中国？（第　次）
3. 那个地方我去过_____，不想再去了。（次）
4. 你帮我_____，我打个电话。（拿）
5. 明天你从我这儿去还是_____？（朋友）
6. 昨天我找了_____，他都不在家。（次）

四 组词成句　Faites des phrases avec les mots suivants

1. 他　玛丽　来　那儿　从
   _____

2. 我　法语　句　说　会　不　一　也
   _____

3. 他　动物园　多　去　很　次　过
   _____

4. 人　汉语　现在　多　学　的　很
   _____

五 完成对话　Complétez les conversations suivantes

1. A：这是北京的名菜，请尝尝_____！
   B：很好吃，这种菜以前我_____。
   （一……也没……）

2. A：我给你发的电子邮件，你＿＿＿＿＿＿＿＿＿？（收）

   B：这两天我忙极了，没时间＿＿＿＿＿＿＿＿＿。（网）

3. A：你＿＿＿＿＿＿＿＿＿了，我开车送你去。（坐　公交车）

   B：真＿＿＿＿＿＿＿＿＿。

4. A：昨天我给你打过三次电话，你＿＿＿＿＿＿＿＿＿。（接）

   B：我去长城了，没带手机。真对不起（duìbuqǐ, désolé）！

5. A：玛丽＿＿＿＿＿＿吗？

   B：她去楼下超市买水了，很快＿＿＿＿＿＿，你请进！（回）

   A：不用了，我在＿＿＿＿＿＿等＿＿＿＿＿＿吧。（她）

六 根据拼音写汉字　Écrivez les caractères chinois à partir des *pinyin* donnés

1. Qǐng màn yìdiǎnr shuō, shuōkuàile wǒ bù dǒng.

   ＿＿＿＿＿＿＿＿＿＿＿＿＿＿＿＿＿＿＿＿＿＿＿＿

2. Fángjiān li tài rè le, wǒ chūqu zǒuzou.

   ＿＿＿＿＿＿＿＿＿＿＿＿＿＿＿＿＿＿＿＿＿＿＿＿

3. Zhè shì péngyou sòng gěi wǒ de shū.

   ＿＿＿＿＿＿＿＿＿＿＿＿＿＿＿＿＿＿＿＿＿＿＿＿

七 填写正确的词语　Complétez le texte avec les caractères chinois appropriés

小王今天给我打＿＿＿＿＿＿，他＿＿＿＿＿＿："＿＿＿＿＿＿两点我去你＿＿＿＿＿＿，还带一个朋友去。"我＿＿＿＿＿＿："他是谁？"他＿＿＿＿＿＿："到时候你就＿＿＿＿＿＿了。"

两点到了，小王来了，真的带来了一个女孩儿，小王给我介绍

19 欢迎你

_____：："她是我们的小学同学（tóngxué, camarade de classe）李丽（Lǐ Lì）啊！"是李丽啊！我真不认识了。她变化（biànhuà, changement）很大，现在是个漂亮（piàoliang, belle）的姑娘（gūniang, fille）了。

八 写出含有偏旁"忄"的汉字　Écrivez les caractères chinois avec le radical «忄»

　　　　　kuài　　　　　màn　　　　　dǒng　　　　　máng
1. ____说　　2. ____走　　3. 听____　　4. 很____

九 交际练习　Exercices de communication

设计一段你邀请（yāoqǐng, inviter）朋友一起吃饭的对话。
Fais un dialogue pour la situation où tu invites tes amis à dîner.

> 你会吗？
>
> "数"有几个读音？你能写出它的读音吗？同时请分别造句。

汉字笔顺表

① 客 kè　宀 + 各
丶 丶 宀 宀 宀 安 客 客

② 第 dì　⺮ + 弟
丿 丿 ⺮ ⺮ ⺮ ⺮ ⺮ 第 第 第

19 欢迎你

⑫ 麻 má　广 + 林

⑬ 烦 fán　火 + 页

⑭ 用 yòng

⑮ 热 rè　执 + 灬

⑯ 慢 màn　忄 + 曼

⑰ 钟 zhōng　钅 + 中

⑱ 笔 bǐ　𥫗 + 毛

⑲ 寄 jì　宀 + 奇 (大 + 可)

⑳ 句 jù

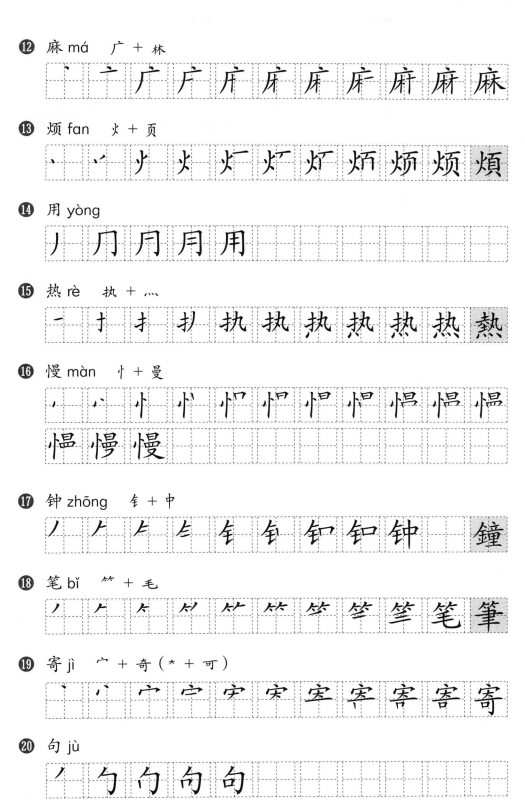

招待

20 为我们的友谊干杯
Buvons à notre amitié

一 熟读词语 Récitez les mots suivants

过	像	一样
~来	~爸爸	~的生活
~去	不~妈妈	两种东西不~
~新年	~一家人	跟他的书~
~生日	~孩子一样	不~的价钱

洗	辆
~衣服	一~自行车
~手	两~汽车
~干净了	两~公共汽车
	两~出租车

二 选择正确的介词填空 Remplissez les trous avec les prépositions appropriées

从　给　对　跟　离　往　在

1. 我_____朋友们一起去划船。

2. 中国银行_____这儿很近，_____前走，就在那个大楼一层。

3. 他不知道我的电话号码，没_____我打过电话。

4. 明天你_____家里来还是_____公司来？

5. 你_____公园旁边的小超市等我，一会儿我就回来。

6. 酒喝多了，_____身体不好。

三 给括号内的词语找到适当的位置　Placez les mots entre parenthèses au bon endroit

1. 我朋友 A 车 B 开 C 很好。　　　　　　　　　　（得）
2. 这是 A 日本朋友 B 送给 C 我 D 照片。　　　　　（的）
3. 我 A 早上 B 七点半 C 留学生食堂 D 吃早饭。　　（在）
4. 他 A 工作 B 的地方 C 家 D 不太远。　　　　　　（离）
5. 我 A 你 B 一起 C 去机场 D 接朋友。　　　　　　（跟）
6. 汽车 A 别 B 前 C 开，D 前边没有路。　　　　　（往）

四 完成对话（用上"得"字）　Complétez les conversations en utilisant «得»

1. A：_____？（北京　过）

   B：过得很不错。

2. A：你尝尝这个菜做_____？

   B：_____。（好吃）

3. A：_____？（今天　起）

   B：不，我起得很晚。

4. A：你会不会写汉字？

   B：会一点儿。

   A：_____？

   B：写得不太好。

5. A：听说你做中国菜＿＿＿＿＿＿＿＿＿＿＿＿＿＿＿＿。

   B：哪儿啊，我做得不好。

6. A：听说你英语、汉语说得都不错。

   B：英语还可以，汉语＿＿＿＿＿＿＿＿＿＿＿＿。

7. A：你看，那三个孩子＿＿＿＿＿＿＿＿＿＿＿＿。（玩儿　高兴）

   B：是啊，我想我们小时候也是这样的。

五 改错句　Corrigez les phrases suivantes

1. 他说汉语很好。

   → ＿＿＿＿＿＿＿＿＿＿＿＿＿＿＿＿＿＿＿＿＿

2. 她洗衣服得真干净。

   → ＿＿＿＿＿＿＿＿＿＿＿＿＿＿＿＿＿＿＿＿＿

3. 他的书我的一样。

   → ＿＿＿＿＿＿＿＿＿＿＿＿＿＿＿＿＿＿＿＿＿

4. 我会说法语一点儿。

   → ＿＿＿＿＿＿＿＿＿＿＿＿＿＿＿＿＿＿＿＿＿

5. 他很慢吃饭。

   → ＿＿＿＿＿＿＿＿＿＿＿＿＿＿＿＿＿＿＿＿＿

6. 他走很快。

   → ＿＿＿＿＿＿＿＿＿＿＿＿＿＿＿＿＿＿＿＿＿

7. 昨天我不出去了。

   → ＿＿＿＿＿＿＿＿＿＿＿＿＿＿＿＿＿＿＿＿＿

20 为我们的友谊干杯

8. 他想工作在贸易公司。

   → _____

9. 昨天他不翻译完老师说的句子（jùzi, phrase）。

   → _____

10. 我下午不可以去商店。

    → _____

六 **根据拼音写汉字** Écrivez les caractères chinois à partir des *pinyin* donnés

1. Zhè zhāng zài Běijīng zhào de zhàopiàn zhào de zhēn hǎo.

   _____

2. Tāmen liǎng ge xiàng jiěmèi yíyàng.

   _____

七 **填写正确的词语，然后选择正确的答案** Complétez le texte avec les mots appropriés et sélectionnez la bonne réponse

上星期小刘给我介绍的新朋友叫京京。她就_____在我们学校对面（duìmiàn, en face de）的大楼八层，她请_____今天下午两点去她_____玩儿。_____了，小刘还_____来，我就一个人先_____了。到了大楼一层，对面过_____的就是京京，我_____："京京，我来了。"她看了看我，像不认识_____人一样走了，这时候小刘来_____。我_____小刘："京京怎么不认识我了？"小刘_____："她不是京京，是京京的妹妹。时间_____了，快上去吧，一会儿我再告诉_____。"

根据短文，选择正确答案 Sélectionnez la bonne réponse en fonction du texte

( ) 1. A. "我"认识京京和她的妹妹
　　　 B. "我"不认识京京，认识京京的妹妹
　　　 C. "我"不认识京京的妹妹，认识京京

( ) 2. A. 小刘不知道京京的妹妹，知道"我"
　　　 B. 小刘知道京京，也知道京京有个妹妹
　　　 C. "我"知道京京，也知道京京有个妹妹

八 写出含有偏旁"心"或"忄"的汉字 Écrivez les caractères chinois avec le radical «心» ou «忄»

　　　yìsi　　　　　　nín　　　　　　gǎn　　　　　　niàn
1. 有____　　2. ____好　　3. ____谢　　4. 纪____

　　　xiǎng　　　　　xi　　　　　　　zěn
5. ____家　　6. 休____　　7. ____么样

　　　rán　　　　　　diǎn　　　　　　rè　　　　　　zhào
8. 当____　　9. 两____　　10. 很____　　11. ____片

九 交际练习 Exercices de communication

你和同学设计一段去朋友家做客的对话。

Faites une conversation avec tes camarades pour la situation où vous allez rendre visite à vos amis.

你想想

一个"可"没有脚（jiǎo, pied），一个"可"有脚，两个"可"上下在一起。这是什么字？你想想它是谁？

20 为我们的友谊干杯

汉字笔顺表

❶ 得 děi 彳 + 导

❷ 愉 yú 忄 + 俞

❸ 谊 yì 讠 + 宜

❹ 鱼 yú

❺ 像 xiàng 亻 + 象

❻ 健 jiàn 亻 + 建

❼ 康 kāng 广 + 隶

❽ 饺 jiǎo 饣+交

❾ 饱 bǎo 饣+包

❿ 活 huó 氵+舌

⓫ 洗 xǐ 氵+先

⓬ 净 jìng 冫+争

⓭ 片 piàn

⓮ 辆 liàng 车+两

测验（01—20课）

一 选择正确的读音，在括号内画"√"（每题1分，共10分）
Sélectionnez la prononciation correcte (*pinyin*) et placez «√» entre les parenthèses correspondantes

1. 累　A. léi　（　）　　2. 差　A. chà　（　）
　　　B. lèi　（　）　　　　　B. chài　（　）

3. 贵　A. guī　（　）　　4. 刻　A. kě　（　）
　　　B. guì　（　）　　　　　B. kè　（　）

5. 离　A. lì　（　）　　6. 职员　A. zhīyuán　（　）
　　　B. lí　（　）　　　　　　B. zhíyuán　（　）

7. 火车　A. huǒchē　（　）　　8. 便宜　A. piányi　（　）
　　　　B. huòchē　（　）　　　　　　B. biànyí　（　）

9. 请问　A. qīnwěn　（　）　　10. 考试　A. kǎo shì　（　）
　　　　B. qǐngwèn　（　）　　　　　　B. kàoshī　（　）

二 写出动词（每题1分，共10分）　Ajoutez les verbes appropriés aux expressions données

1. _____自行车　　2. _____网　　3. _____电影

4. _____飞机　　5. _____茶　　6. _____船

7. _____衣服　　8. _____音乐　　9. _____家

10. _____钱

三 选词填空（每题1分，共20分） Complétez les phrases avec les mots appropriés

1. 　个　瓶　辆　条　岁　句　次　本　张　件

① 他想给我一_____汉语书和一_____中国地图。

② 这_____人20_____就大学毕业了。

③ 这_____路很远，我去叫_____出租车送你回去吧！

④ 他第一_____来中国的时候，一_____汉语也不会说。

⑤ 你去商店，麻烦你给我买两_____水，好吗？

⑥ 那_____毛衣太贵了，我不想买。

2. 　给　在　往　从　跟　对　离

① 他不_____教室，_____操场打球呢！

② 中国贸易公司_____这儿很近，_____前走，就_____中国银行旁边。

③ 你_____我介绍一个会说法语的中国人，好吗？

④ 喝很多酒_____身体不好。

⑤ 明天我_____你们一起去长城，你们_____学校去还是_____家里去？

四 给括号内的词语找到适当的位置（每题1分，共10分） Placez les mots entre parenthèses au bon endroit

1. 明天 A 我 B 去商店 C 看看，D 买东西。　　　　　　（不）

2. 你 A 等等 B，他 C 很快 D 来。　　　　　　　　　　（就）

3. 昨天 A 很冷 B，今天 C 不冷 D。　　　　　　　　　　（了）

4. 他 A 车 B 开 C 很 D 好。　　　　　　　　　　　　　（得）

5. 他 A 晚上 B 十二点 C 睡觉 D。　　　　　　　　　　（常常）

6. 他 A 汉语 B 说 C 好极了 D，像中国人一样。　　　　（得）

7. 北京动物园 A 我 B 去 C 过 D。　　　　　　　　　　（两次）

8. 昨天晚上 A 你 B 看电视 C 没有 D？　　　　　　　　（了）

9. 你来 A 中国以后，吃 B 烤鸭 C 没有 D？　　　　　　（过）

10. 你 A 买 B 火车票以后，C 告诉 D 我。　　　　　　　（到）

五　完成对话（每题2分，共20分）　Complétez les conversations suivantes

1. A：_____？

   B：他叫大卫。

2. A：_____？（哪）

   B：他是中国人。

3. A：_____？（吗）

   B：对，他是坐地铁来的。

4. A：_____？（还是）

   B：我不想喝咖啡，我要喝茶。

5. A：_____？（谁）

   B：她是我妹妹。

6. A：我明天晚上去酒吧，_____？（呢）

   B：我在家看电视。

7. A：_____？（什么）

   B：他是公司职员。

8. A：她日本菜_____？（得）

   B：很好吃。

9. A：你很喜欢喝酒，_____？（为什么）

   B：一会儿我要开车。

10. A：昨天晚上_____？

    B：我没看电视。

六 完成句子（每题2分，共20分） Complétez les phrases suivantes

1. 我_____汉语。（一点儿）

2. 请您帮_____。（照相）

3. 时间不早了，我们_____。（家）

4. 这两个汉字我也不认识，我们_____吧。（老师）

5. 他在楼上，你_____。（找）

6. 这两天他们_____，你不能去。（考试）

7. 你说得太快，我没听懂，请你_____。（一点儿）

8. 中国杂技我还_____。（没……呢）

9. 我的手机没电了，_____。（不能）

10. 我试试这件毛衣，_____？（可以）

七 **选择正确的应答，在括号内画"√"（每题2分，共10分）** Choisissez la bonne réponse et placez «√» entre les parenthèses correspondantes

1. A：你们吃啊，别客气！
   B：① 没什么。（　　）
   　　② 很客气。（　　）
   　　③ 谢谢。（　　）

2. A：我们经理请您在北京饭店吃晚饭。
   B：① 可以。（　　）
   　　② 您太客气了，真不好意思。（　　）
   　　③ 我喜欢在饭店吃饭。（　　）

3. A：他问您好！
   B：① 谢谢！（　　）
   　　② 我很好。（　　）
   　　③ 我身体很好。（　　）

4. A：飞机为什么晚点了？
   B：① 开得很慢。（　　）
   　　② 喜欢晚一点儿到。（　　）
   　　③ 天气不好，起飞晚了。（　　）

5. A：去北京大学要换车吗？
   B：① 不要换车就可以到。（　　）
   　　② 不用换车就可以到。（　　）
   　　③ 不能换车就可以到。（　　）

参考答案

01 你好

一 1. p m f　　2. t n l　　3. k h

二 1. A　　2. B　　3. B　　4. B　　5. A　　6. B

三 1. nǐ　　4. lǎo　　7. wǔ　　8. bǎn

四 1. nǐ　　2. bǎo　　3. fǎ　　4. mǎ　　7. měi

五 1. hǎo　　2. ma　　3. yě　　4. dōu

　　5. lái　　6. tā　　7. wǒmen　　8. nǐmen

六 1. 你好　　2. 来吗　　3. 好吗　　4. 好吗

七 1. 爸爸　　2. 妈妈　　3. 都　　4. 来

　　5. 他们　　6. 也　　7. 我　　8. 吗

八 1. 他（tā）　　2. 她（tā）

02 你身体好吗

一 1. q x　　2. c s　　3. ch sh r

二 1. yě　　3. wǔ　　5. wǔ　　6. yì

　　9. wūyā　　10. yǒuyì

三 1. 五（④）　　2. 八（①）　　3. 九（④）　　4. 早（②）

　　5. 身体（②）　　6. 谢谢（③）　　7. 再见（④）　　8. 老师（①）

四 1. sì　　2. shí　　3. wǔ　　4. liù

　　5. jiǔ　　6. nín　　7. jīntiān　　8. hào

五 1. A、B：您 / 老师早

130

老师：你们早

A：您身体好吗

老师：很好　　谢谢　　你们身体好吗

A、B：我们（身体）都很好

2. A：你好　　　A：身体好吗　　　B：很好

A：来吗　　　　A：也来吗　　　　B：都来

六　1. 我身体很好。

2. 今天爸爸妈妈都来。/ 爸爸妈妈今天都来。

3. 他们身体都好吗？

4. 老师，您早！

七　1. 老师，您好！　　　2. 谢谢你们！

3. 身体很好。　　　　4. 爸爸妈妈再见！

八　1. 你好　　2. 你们　　3. 他来　　4. 身体

03　你工作忙吗

一　1. p　m　f　　　　2. t　n　l　　　　3. k　h

4. q　x　　　　　　5. c　s　　　　　　6. ch　sh　r

二　1. yuàn　　3. yǔ　　4. jù　　6. xué

7. yuè　　9. qǔ　　10. jué　　12. qū

三　不：1、2、6 四声　　　　3、4、5、7、8 二声

一：1、2、4、5、6、7 四声　　3、8 二声

四　1. gēge　　dìdi　　jiějie　　mèimei

2. nián　　yuè　　rì　　hào

3. jīntiān　　míngtiān　　jīnnián　　míngnián

五　1. A：身体很好　　你呢　　　2. B：今天 11 月 1 号

3. A：妹妹呢　　　　　　　　　4. B：来　　不来

5. A：你呢　　　B：（工作）不太忙

六　1. C　　2. C　　3. D　　4. A

七　1. 我哥哥、弟弟明年都来。　　2. 他爸爸妈妈身体不太好。

八　1. 你好　2. 她来　3. 妈妈　4. 姐姐　5. 妹妹

04　您贵姓

一　1. xìng　　2. jiào　　3. shì　　4. bù　　5. tài
　　6. gāoxìng　7. hěn　　8. dōu　　9. yě

二　①叫　②不　③也　④是　⑤是　⑥不　⑦不
　　⑧姓　⑨是　⑩很　⑪也　⑫都　⑬高兴

三　1. 他弟弟是大夫。　　　　2. 他叫什么名字？
　　3. 我妹妹身体很好。　　　4. 我不是老师/学生，是学生/老师。

四　1. A：你姐姐叫什么名字　　A：是学生吗
　　2. A：他姓什么　　　　　　A：他是老师吗
　　3. A：认识我弟弟吗　　　　B：他今天来吗
　　4. A：你认识那个人吗　　　B：你呢

五　1. 她叫什么（名字）？　　　2. 您（你）贵姓？/你姓什么？
　　3. 你是美国人吗？　　　　　4. 他是美国留学生吗？
　　5. 你认识那个学生吗？　　　6. 他忙吗？
　　7. 她是你朋友吗？　　　　　8. 你累吗？

六　1. 他很累。　　　　　　　　2. 她姓张。（她是张老师。）
　　3. 我是美国留学生。　　　　4. 他姓什么？
　　5. 三个人都是学生。

七　①认识　②学生　③很　④高兴　⑤身体　⑥工作　⑦也

八　1. 好吗　　2. 你呢　　3. 叫什么　　4. 名字

05 我介绍一下儿

一 1. yě　　2. shì　　3. huí　　4. de　　5. zài
　　6. kàn　　7. rènshi　　8. jièshào　　9. yíxiàr

二 ① 认识　② 介绍　③ 一下儿　④ 是　⑤ 的　⑥ 也
　　⑦ 是　⑧ 的　⑨ 是　⑩ 的　⑪ 在　⑫ 在
　　⑬ 是　⑭ 也　⑮ 回　⑯ 看　⑰ 也　⑱ 看

三 1. 她姓什么？　　　　　　　2. 她是谁的好朋友？
　　3. 她爸爸妈妈的家在哪儿？　4. 她在哪儿工作？
　　5. 她回北京做什么？

四 1. A：你去超市吗　　　　　B：你去哪儿
　　2. A：他在大卫的宿舍吗　　A：他在哪儿
　　3. A、B：你去吗
　　4. A：王兰在吗　　　　　　A：谢谢
　　5. A：你爸爸工作吗　　　　A：你妈妈也工作吗

五 1. 我回家。　　　　　　　　2. 他是谁？
　　3. 他不是北京人。　　　　　4. 我不认识那个美国留学生。

六 1. 在宿舍　2. 来教室　3. 去商店　4. 请进　5. 在家休息

七 1. 谢谢　2. 认识　3. 是谁　4. 请问

06 你的生日是几月几号

一 1. 今天　　　　（2021 年）　　　　9 月 25 日（号）　　星期日。
　　Jīntiān　　（èr líng èr yī nián）　jiǔyuè èrshíwǔ rì (hào)　xīngqīrì.
　　2. 明天　　　9 月 26 日　　　　　星期一。
　　Míngtiān　jiǔyuè èrshíliù rì　　xīngqīyī.

3. 昨天　　9月　　24日　　星期六。
　　Zuótiān　jiǔyuè　èrshísì rì　xīngqīliù.

二　①九月三十号　②是　③的　④叫　⑤是
　　⑥二十　　　　⑦个　⑧是　⑨的　⑩都
　　⑪都　　　　　⑫的　⑬看

三　1. 今天几月几号？
　　2. 今天是谁的生日？
　　3. 你朋友叫什么（名字）？
　　4. 你们三个人都是谁的好朋友？
　　5. 你们什么时候都去商店买东西？/今天下午你们做什么？
　　6. 你们晚上都去哪儿？做什么？/晚上你们都去大卫的宿舍做什么？/你们什么时候去大卫的宿舍看他？

四　1. A：明天晚上你做什么　　B：你呢
　　2. A：你做什么　　　　　　3. A：你去吗
　　4. B：我很忙

五　1. 2020年3月25号我在北京工作。
　　2. 明天上午十一点他们去超市买东西。
　　3. 他十二号星期六/这个月十二号（星期六）来我家玩儿。
　　4. 昨天下午我在宿舍休息。
　　5. 他昨天晚上在家看书。

六　1. 去超市买东西　　　　2. 在宿舍听音乐
　　3. 星期天休息　　　　　4. 晚上看电视

七　1. 看/买　2. 听　3. 买　4. 回　5. 看　6. 看
　　7. 看　　8. 去　9. 在/回/去　10. 做　11. 去　12. 在/去

八　1. 明天　2. 昨天　3. 晚上　4. 星期　5. 是他　6. 音乐

你想想　　大学 dàxué　　　大夫 dàifu

07 你家有几口人

一　1. jié hūn　　2. zhíyuán　　3. yínháng　　4. háizi　　5. xuéxí
　　6. yǒu　　　7. méi　　　　8. hé　　　　9. kè

二　①有　②和　③职员　④银行　⑤结婚　⑥孩子
　　⑦没　⑧学习　⑨学习　⑩有　⑪课

三　1. 尼娜家有几口人？　　2. 她哥哥做什么工作？
　　3. 她哥哥结婚了吗？　　4. 她哥哥有孩子吗？有几个孩子？
　　5. 她姐姐结婚了吗？　　6. 尼娜学习什么？
　　7. 尼娜今天有课吗？　　8. 她去大学做什么？/ 她去哪儿上课？

四　1. 我在宿舍听音乐。　　2. 我在家休息。
　　3. 他们在教室上汉语课。　4. 他在商店买东西。

五　1. B：回家休息
　　2. A：你做什么工作
　　　 B：在大学工作
　　3. A：他们结婚了吗
　　4. A：你妹妹工作吗
　　5. A：你家有谁 / 你家有什么人

六　1、3、4、5、7：不　　2、6、8：没

七　1. 他们今年二月结婚了。　2. 他/她有两个孩子。
　　3. 我明天去超市买东西。

八　1. 明天　2. 朋友　3. 电脑　4. 我家　5. 汉字
　　6. 教室　7. 宿舍

你想想　朋

08 现在几点

一　1. 我早上七点起床。

　　2. 我早上七点十五 / 七点一刻吃早饭。

　　3. 我中午十二点吃午饭。

　　4. 我晚上七点半看电视。

　　5. 我晚上十一点五十 / 差十分十二点睡觉。

二　1. A：你几点 / 什么时候吃饭

　　2. A：你什么时候去上海

　　3. B：我在家上网　　　　　A：你几点上网 / 什么时候上网

　　4. A：今天你去打网球吗　　A：你在家做什么

三　1. C　　2. C　　3. C　　4. C

四　1. 我没有电脑。　　2. 明天我不去商店。　　3. 他们没结婚。

　　4. 他七点起床。　　5. 我在食堂吃饭。

五　1. 去睡觉　　　2. 看电影　　　3. 吃饭

　　4. 买花儿　　　5. 打网球　　　6. 回宿舍

六　1. 饭　　　　　2. 网球　　　　3. 音乐

　　4. 早饭　　　　5. 东西 / 书 / 花儿　　6. 电视 / 电影 / 书

　　7. 家 / 宿舍　　8. 床　　　　9. 课　　　10. 课

七　1. 再见　　2. 电视　　3. 现在　　4. 打球　　5. 睡觉　　6. 姓王

你想想　1. 太　　　2. 天　　　3. 夫

09 你住在哪儿

一　1. huānyíng　2. gāoxìng　3. yǒu　4. pángbiān　5. wánr

　　6. zài　7. yìqǐ　8. cháng　9. hé　10. jiào

二　①有　②叫　③在　④在　⑤旁边　⑥欢迎

⑦ 玩儿　　⑧ 常　　⑨ 一起　　⑩ 和　　⑪ 常

三　1. 他住在哪儿？　　　　　　2. 你家在哪儿？
　　3. 你们常常一起做什么？
　　4. 星期六、星期日你们常常做什么 / 在哪儿打球？

四　1. 你们学校有多少个老师？　　2. 他的房间是多少号？
　　3. 他的生日是几月几号？　　　4. 这个楼有几层？
　　5. 二号楼有多少（个）房间？　6. 你有几个中国朋友？

五　1. 教室上课　　2. 花店买花儿　　3. 公园玩儿
　　4. 食堂吃饭　　5. 商店买东西

六　1. B　　2. A　　3. B　　4. B　　5. C

七　1. 邮局在公园旁边。　　　　2. 欢迎来北京。
　　3. 上课的时候问老师。

八　1. 请进　　2. 欢迎　　3. 知道　　4. 旁边

你想想　月

10　邮局在哪儿

一　1. dōngbian　　2. nánbian　　3. xībian　　4. běibian
　　5. pángbiān　　6. nà　　7. nàr　　8. xiūxi
　　9. bù　　10. cháng　　11. zài　　12. lí

二　① 在　　② 南边　　③ 离　　④ 休息　　⑤ 常
　　⑥ 那儿　　⑦ 旁边　　⑧ 常　　⑨ 那儿　　⑩ 东边
　　⑪ 在　　⑫ 那　　⑬ 东边　　⑭ 不

三　1. 他爸爸在不在商店工作？
　　2. 那个商店离他家远不远？
　　3. 他爸爸早上七点半去不去工作？
　　4. 他爸爸下午五点半回不回家？

四　1. 是　　2. 一起　　3. 那儿　　4. 就　　5. 往

五　1. A：银行在哪儿

　　2. A：离家远不远　　　　　A：你怎么去

　　3. A：常上网吗　　　　　　A：在哪儿上网

六　1. 操场在教室的东边。

　　2. 谁在旁边的房间听音乐？

　　3. 他常去邮局做什么？

七　1. 您早　　2. 休息　　3. 怎么

你想想　往

11　我要买橘子

一　略

二　1. 这种　　2. 还　　3. 要　要　　4. 还　　5. 还　别的地方　　6. 很多种

三　1. A：买什么　　　　　A：几瓶

　　2. A：多少钱一斤　　　B：六块三　你要几斤

　　3. A：商店在哪儿　　　A：多吗　　A：便宜吗

　　4. A：要买什么　　　　B：多少钱一斤

　　　A：十块　　　　　　B：贵了

四　1. 听听　　　　2. 休息休息　　3. 介绍介绍　　4. 问问

　　5. 玩儿玩儿　　6. 尝尝　　　　7. 问问　　　　8. 看看

五　1. 他没结婚。

　　2. 我昨天不忙，今天很忙。

　　3. 他是职员，在银行工作。/ 他在银行工作，是职员。

　　4. 我七点一刻在家吃早饭。

　　5. 他晚上常常十一点半睡觉。

　　6. 橘子多少钱一斤 / 一斤多少钱？

7. 要两瓶可乐，不要别的了。

8. 他买两个/斤苹果。

六　1. 坐汽车　　2. 买东西　　3. 吃苹果　　4. 喝水

　　5. 听录音　　6. 去银行

七　①离　　②店　　③店　　④书　　⑤个　　⑥书
　　⑦友　　⑧起　　⑨店　　⑩识　　⑪个　　⑫店
　　⑬绍　　⑭书　　⑮识　　⑯个　　⑰友　　⑱兴

八　1. 售货员　　2. 很贵　　3. 名字　　4. 不多　　5. 十岁

考考你　1. 你　　2. 他　　3. 您　　4. 做
　　　　　5. 住　　6. 她们　　7. 身体　　8. 工作
　　　　　9. 什么　　10. 休息　　11. 时候　　12. 付钱
　　　　　13. 邮件　　14. 便宜　　15. 微信

12　我想买毛衣

一　略

二　小 xiǎo —— 大 dà　　　　少 shǎo —— 多 duō
　　长 cháng —— 短 duǎn　　便宜 piányi —— 贵 guì

三　1. 多少　　2. 怎么　　3. 哪儿　　4. 几
　　5. 怎么样　　6. 什么　　7. 谁

四　1. 穿/买　　2. 喝　　3. 发　　4. 写　　5. 回/在
　　6. 买　　7. 吃　　8. 看　　9. 学习　　10. 坐

五　1. A: 饮料吗　　A: 你喝什么饮料
　　2. A: 你去哪儿　　B: 想买一个
　　3. B: 不可以
　　4. B: 我不想上网

六　1. 不长也不短/不大也不小　　2. 不贵也不便宜

3. 不多也不少　　　　　4. 不远也不近

七　①冷　②服　③少　④天　⑤件　⑥天
　　⑦穿　⑧在　⑨作　⑩累　⑪上　⑫觉

八　1. 手机　2. 大楼　3. 学校　4. 橘子　5. 怎么样　6. 好极了
　　7. 都来　8. 邮局

你想想　回

13　要换车

一　略

二　1. B　　2. B　　3. A　　4. B　　5. A

三　1. 他会说一点儿汉语了。

2. 现在十点半（了），他不会来了。

3. 姐姐给妹妹/妹妹给姐姐一张地图、一个本子。

4. 去天安门要换车吗？

四　1. A：你会做饭吗　　A：你会做中国菜吗　　A：谢谢

2. A：喝什么　　　　　A：还要别的吗

3. A：几点来　　　　　A：会来吗

4. A：我们（一起）看电影

　　B：哪国的（电影）

　　B：一起去看

五　1. 我会说一点儿汉语。　　　　2. 他是日本留学生。

3. 我不会说汉语。　　　　　　4. 他给我一本书。

5. 他们三个人都很忙。

六　1. 懂英语　2. 哪国电影　3. 刷卡　4. 没到站

七　①想　②个　③都　④道　⑤么　⑥问

⑦说 ⑧离 ⑨很 ⑩校 ⑪往 ⑫星
⑬没 ⑭吃 ⑮去 ⑯玩儿

八 1. 打球　2. 投币　3. 换钱　4. 找人

你看看
1. 员 yuán　货 huò　贵 guì
2. 远 yuǎn　近 jìn　道 dào
3. 问 wèn　间 jiān
4. 我 wǒ　找 zhǎo

14　我要去换钱

一　略

二　想 xiǎng　会 huì　能 néng　要 yào　可以 kěyǐ

1. 能　2. 会　3. 可以　4. 要

5. A：要　B：想　6. A：可（以）　可以　B：想　可以

三　1. A：我没带手机　B：快去
2. B：去了　A：你买什么了
3. A：手机号码是多少　B：手机里有
4. A：怎么写

四　1. A　2. C　3. D　4. D　5. D

五　1. 汽车　2. 音乐/录音　3. 汉字　4. 短信/电子邮件
5. 饭　6. 床　7. 衣服　8. 钱/人/东西
9. 可乐/水　10. 汉语/英语/法语

六　①花　②银行　③钱　④今天　⑤银行
⑥钱/人民币　⑦多少　⑧你　⑨明天　⑩你

七　1. 明天我不去公园。　2. 昨天他没来上课。
3. 和子常常做日本菜。　4. 昨天我没来。

141

八　1. 教室　　2. 做饭　　3. 数数　　4. 换钱　　5. 银行

你看看　1. 儿子　　　　　　2. 介　介绍
　　　　3. 体息　身体　　　4. 太　太学　明天

15　我要照张相

一　略

二　对 duì　　完 wán　　通 tōng　　到 dào　　懂 dǒng
　　1. 到　　2. 对　　3. 懂　　4. 完　　5. 通

三　1. 这种鲜花儿真好看。

2. 我给妈妈/妈妈给我打电话了。

3. 这个本子不好，能换一下儿吗？

4. 请你帮我交一下儿电话费。

四　1. A：这件衣服是谁的　　A：你能穿吗

2. A：这个手机是你的吗　　A：手机怎么样

3. B：没吃完

4. A：忙极了　　　　　　　B：到很晚

　　A：怎么样　　　　　　　B：（很）不错　　B：谢谢

五　A：我累了，想去那儿坐坐。

B：等一等，这儿的花儿很好看，你给我照张相，好吗？

A：好，照完了再去。

六　①有　②给　③电话　④她　⑤学校　⑥电影
　　⑦手机　⑧手机　⑨电话　⑩手机　⑪到

七　1. 介绍　2. 结婚　3. 纪念　4. 今天
　　5. 一个　6. 会来　7. 纪念　8. 拿来

参考答案

你想想 拿

16 你看过京剧吗

一 略

二 应该 yīnggāi　　行 xíng　　过 guò　　了 le
　当然 dāngrán　　想 xiǎng　　会 huì

　1. B：当然　　2. B：应该　　3. A：过　　B：过
　4. A：了　了　　　　B：过
　5. A：行　　　　　　B：想　行
　6. B：应该　　　　　A：过　　　　B：会　会

三 1. 没去过呢　　2. 学过　　3. 过（饭）　很便宜
　4. 去过那个地方　5. 没起床

四 1. A：有人找你　　　　2. B：没（人）告诉我
　3. A：收到了吗
　4. A：介绍（介绍）京剧
　　 B：有没有时间
　　 A：给我打电话

五 1. 你学过汉语没有？　　2. 我没吃过烤鸭。
　3. 他常常去留学生宿舍。　4. 你看电视了没有？
　5. 他还没结婚呢！

六 1. 给朋友找工作。　　2. 有人请你介绍一下儿上海。
　3. 这件事能告诉他/她吗？

七 ①八号楼　②问　③说　④知道
　⑤住　⑥知道　⑦留学生　⑧说

143

八　1. 酒吧　　2. 汉语　　3. 没有　　4. 演京剧

　　5. 地图　　6. 操场　　7. 一块钱

你想想　卡

17　去动物园

一　略

二　1. 骑　　2. 接/看　　3. 坐　　4. 打/接

　　5. 看　　6. 划/坐　　7. 问　　8. 拿/买

三　1. A: 来　B: 去　　2. B: 去　　3. B: 去

　　4. A: 来　B: 来　　5. B: 去　B: 来

四　1. A: 你喝可乐还是（喝）咖啡？

　　2. A: 你想去上海还是（去）香港？

　　3. A: 你要买橘子还是（买）苹果？

　　4. A: 这个星期天你去公园还是（去）动物园？

　　5. A: 你坐汽车去还是（坐）地铁去？

五　①个　②好　③想　④说　⑤个　⑥演

　　⑦一起　⑧问　⑨说　⑩骑　⑪说　⑫一起

六　1. 这个电影怎么样？

　　2. 谁想去看这个电影？

　　3. 他们什么时候去看电影？

　　4. 他们骑自行车去还是坐公交车去？

七　1. 里边　2. 下边　3. 下边　4. 外边　5. 上边　6. 外边

八　1. 回家　2. 公园　3. 中国　4. 地图

你想想　园

18　路上辛苦了

一　略

二　1. 坐一会儿　　2. 大学毕业　　3. 等一会儿　　4. 开车

三　1. 快（就）要毕业了　　　　2. 车（就）要开了

　　3. 快（就）要到北京了　　　4. 就要来了

　　5. 就要做好了

四　1. B：为什么　　A：开车　　B：开走了　　A：怎么回去

　　2. A：你喝什么酒　　A：为什么

五　1. 菜、饭、苹果

　　2. 可乐、水、酒、饮料

　　3. 书、电视、电影、朋友

　　4. 车、地铁、火车、船

六　① 从　　② 跟/和　　③ 在　　④ 到　　⑤ 下来

　　⑥ 的　　⑦ 我们

七　1. 他是什么时候来中国的？

　　2. 他是在哪儿认识/大卫的？

　　3. 是谁去接他们的？

　　4. 他们是怎么来学校的？

八　1. 划船　　2. 到北京　　3. 两点一刻　　4. 京剧

　　5. 很多　　6. 银行　　7. 往前走

你想想　银行（háng）　　自行（xíng）车

19　欢迎你

一　略

二　1. 不用翻译　　2. 麻烦别人　　3. 麻烦

　　　　4. 真不好意思　　　5. 不用买　　　　　6. 以前

三　1. 来接电话　　　　　2. 第几次　　　　　3. 很多次

　　4. 拿一下儿东西　　　5. 从朋友那儿去　　　6. 他两/三次

四　1. 他从玛丽/玛丽从他那儿来。

　　2. 我一句法语也不会说。

　　3. 他去过动物园很多次。

　　4. 现在学汉语的人很多。

五　1. A：吧　　　　　　B：一次也没吃过

　　2. A：收到没有　　　B：上网

　　3. A：不用坐公交车　B：不好意思

　　4. A：都没接

　　5. A：在　　　　　　B：就回来　　　A：楼下/这儿　　她

六　1. 请慢一点儿说，说快了我不懂。

　　2. 房间里太热了，我出去走走。

　　3. 这是朋友送给我的书。

七　①电话　②说　③下午　④家　⑤问

　　⑥说　　⑦知道　⑧说

八　1. 快说　2. 慢走　3. 听懂　4. 很忙

你会吗？　1. 数（shǔ）：请数一下儿一共多少钱。

　　　　　2. 数（shù）：你最好记一下儿钱数。

20　为我们的友谊干杯

一　略

二　1. 跟　　2. 离　往　3. 给　　4. 从　从　5. 在　　6. 对

三　1. C　　2. D　　3. C　　4. C　　5. A　　6. B

四　1. A：你在北京过得怎么样

2. A：得怎么样　　　　　　　B：做得很好吃

3. A：今天你起得很早吧

4. A：你写得怎么样

5. A：做得很好

6. B：说得不（太）好

7. A：玩儿得多高兴／很高兴／高兴极了

五　1. 他说汉语说得很好。　　　2. 她洗衣服洗得真干净。

3. 他的书跟我的一样。　　　　4. 我会说一点儿法语。

5. 他吃饭吃得很慢。　　　　　6. 他走得很快。

7. 昨天我没出去。　　　　　　8. 他想在贸易公司工作。

9. 昨天他没翻译完老师说的句子。　10. 我下午不能去商店。

六　1. 这张在北京照的照片照得真好。

2. 她们两个像姐妹一样。

七　①住　②我们　③家　④两点　⑤没

⑥去　⑦来　⑧说　⑨的　⑩了

⑪问　⑫说　⑬晚　⑭你

1. C　　2. B

八　1. 有意思　2. 您好　3. 感谢　4. 纪念　5. 想家　6. 休息

7. 怎么样　8. 当然　9. 两点　10. 很热　11. 照片

你想想　哥

测验（01—20课）

一　1. B　　2. A　　3. B　　4. B　　5. B

6. B　　7. A　　8. A　　9. B　　10. A

二　1. 骑　2. 上　3. 看　4. 坐　5. 喝

6. 坐／划　7. 买／穿　8. 听　9. 回／在　10. 换／花

三 1.①本 张 ②个 岁 ③条 辆 ④次 句 ⑤瓶 ⑥件
　　2.①在 在 ②离 往 在 ③给 ④对 ⑤跟 从 从

四 1.D　　2.D　　3.D　　4.C　　5.A/B
　　6.C　　7.D　　8.C　　9.B　　10.B

五 1.他叫什么（名字）

　　2.他是哪国人

　　3.他是坐地铁来的吗

　　4.你要喝咖啡还是喝茶

　　5.她是谁

　　6.你呢

　　7.他做什么工作

　　8.做得怎么样/好吃吗/好吃不好吃

　　9.为什么今天不喝呢

　　10.你看电视了吗/你看电视了没有/你看没看电视

六 1.会（说）一点儿　　　　　2.我（们）照张相
　　3.回家吧　　　　　　　　　4.问问老师
　　5.上去找他吧　　　　　　　6.（有/要）考试
　　7.说得慢一点儿　　　　　　8.没看过呢
　　9.不能打电话了　　　　　　10.可以吗/可以不可以

七 1.③　　2.②　　3.①　　4.③　　5.②

148